JEAN-JACQUES ROU/12 em
Genebra (Suíça), em uma família de origem francesa. Sua mãe morreu logo após o nascimento, de complicações no parto. Aos dez anos, foi abandonado pelo pai. Ainda jovem, tomou gosto por histórias romanescas e pela leitura de Plutarco. Aos dezesseis anos deixou sua cidade natal e viajou por diversos países. Tornou-se secretário e protegido de madame Louise de Warens, mulher rica que teve uma profunda influência em toda a vida do escritor. Em 1742, radicou-se em Paris, onde trabalhou como professor, copista e secretário de um embaixador. Inventou um sistema de notação musical e fez--se conhecer como compositor da ópera *As musas galantes*. Fez amizade com o filósofo francês Denis Diderot, que lhe convidou a colaborar para a prestigiosa *Enciclopédia*, primeiramente escrevendo sobre música; mas o mais famoso dos seus artigos acabou sendo sobre política econômica. Em 1750, foi premiado pela Academia de Dijon pelo *Discurso sobre as ciências e as artes*.

O *Discurso sobre a origem e os fundamentos da desigualdade entre os homens* (1755) exerceu uma grande influência sobre o pensamento político da época e fundou a reputação do autor. De espírito sistemático e caráter apaixonado, Rousseau elaborou uma doutrina segundo a qual o homem é um ser naturalmente bom, cuja bondade foi corrompida pela sociedade; portanto é preciso, sempre que possível, voltar à virtude primitiva. Resultou daí, no escritor, um vivo sentimento da natureza e um amor à solidão que mais tarde se acentuaria. Fiel a seu sistema, rejeitou os refinamentos da civilização, condenando o teatro na *Carta a d'Alembert sobre os espetáculos* (1758), que lhe retirou a amizade dos filósofos.

No meio de disputas e acusações, ele escreveu suas obras-primas: *A nova Heloísa* (1761) – romance epistolar de um retorno à vida natural, que teve um imenso sucesso;

O contrato social e *Emílio* (1762), sendo o primeiro fruto da preocupação em esclarecer seu ideal político-educacional, e o segundo, obra pedagógica cujas ideias religiosas foram imediatamente condenadas, o que o obrigou a anos de errância. Vivendo desde então atormentado pela ideia de um complô dirigido contra ele e desejando, graças à confissão de seus erros, justificar-se perante a posteridade, redigiu (de 1765 a 1770) as *Confissões* (póstumas, 1782 e 1789) e evocou suas lembranças em *Os devaneios do caminhante solitário*, compostos de 1776 até sua morte. Nessas duas obras, Rousseau renovou suas ideias na área da política e da educação, propôs novos temas em literatura, prenunciou as grandes mudanças políticas da Revolução Francesa e o romantismo. Foi também o primeiro escritor moderno a atacar a instituição da propriedade privada, e por isso é considerado um precursor do socialismo moderno.

Após passar pela Inglaterra e pela Prússia, regressou à França em 1768, sob o falso nome de Renou. Nesse mesmo ano, casou-se com Thérèse Levasseur. Morreu em 2 de julho de 1778, em Ermenonville, na França.

Livros do autor na Coleção **L&PM** POCKET:

O contrato social
Os devaneios do caminhante solitário
Discurso sobre a origem e os fundamentos da desigualdade entre os homens

Jean-Jacques Rousseau

Os devaneios do caminhante solitário

Tradução de Julia da Rosa Simões

www.lpm.com.br

L&PM POCKET

Coleção **L&PM** POCKET, vol. 743

Texto de acordo com a nova ortografia.
Título original: *Les Rêveries du Promeneur Solitaire*

Primeira edição na Coleção **L&PM** POCKET: novembro de 2008
Esta reimpressão: julho de 2017

Tradução: Julia da Rosa Simões
Capa: Ivan Pinheiro Machado sobre gravura de autor anônimo © Akg Images / Latin Stock
Preparação: Elisângela Rosa dos Santos
Revisão: Patrícia Yurgel

CIP-Brasil. Catalogação na Fonte
Sindicato Nacional dos Editores de Livros, RJ.

R77d

Rousseau, Jean-Jacques, 1712-1778
    Os devaneios do caminhante solitário / Jean-Jacques Rousseau; tradução Julia da Rosa Simões. – Porto Alegre, RS: L&PM, 2017.
    144p. – (Coleção L&PM POCKET ; v.743)

    Título original: *Les Rêveries du Promeneur Solitaire*
    ISBN 978-85-254-1846-3

    1. Rousseau, Jean-Jacques, 1712-1778. 2. Filósofos - França - Biografia. I. Título. II. Série.

08-4653.   CDD: 921.4
                            CDU: 929:1(44)

© da tradução, L&PM Editores, 2008

Todos os direitos desta edição reservados a L&PM Editores
Rua Comendador Coruja 314, loja 9 – Floresta – 90.220-180
Porto Alegre – RS – Brasil / Fone: 51.3225.5777 – Fax: 51.3221.5380

PEDIDOS & DEPTO. COMERCIAL: vendas@lpm.com.br
FALE CONOSCO: info@lpm.com.br
www.lpm.com.br

Impresso no Brasil
Inverno de 2017

Sumário

Primeira caminhada | 7
Segunda caminhada | 16
Terceira caminhada | 27
Quarta caminhada | 43
Quinta caminhada | 62
Sexta caminhada | 74
Sétima caminhada | 86
Oitava caminhada | 103
Nona caminhada | 116
Décima caminhada | 132

Cronologia da vida de Rousseau | 135

Primeira caminhada

Eis-me, portanto[1], sozinho sobre a terra, sem outro irmão, próximo, amigo ou companhia que a mim mesmo. O mais sociável e o mais afetuoso dos humanos dela foi proscrito por um acordo unânime. Buscaram[2] nas sutilezas de seus ódios que tormento poderia ser mais cruel para minha alma sensível e romperam com violência todos os laços que me ligavam a eles. Teria amado os homens apesar deles mesmos. Ao cessarem de sê-lo, só puderam privar-se de minha afeição. Agora, portanto, são para mim estranhos, desconhecidos, por fim insignificantes, pois assim o quiseram. Mas e eu mesmo, afastado deles e de tudo, o que sou? Eis o que me resta buscar. Por infelicidade, essa busca deve ser precedida de um exame sobre minha condição. É algo por que necessito passar para chegar deles a mim.

Nos quinze anos ou mais em que me encontro nesta estranha condição, ela ainda me parece um sonho. Continuo acreditando que uma indigestão me atormenta, que estou tendo um pesadelo e que acordarei aliviado de meu sofrimento ao encontrar-me entre meus amigos. Sim, sem dúvida devo ter dado, sem perceber, um salto da vigília para o sono, ou antes da vida para a morte. Arrancado não sei como da ordem das coisas, vi-me precipitado num caos incompreensível em que não distingo absolutamente nada;

---

1. Os *Devaneios*, de Rousseau, escritos nos dois últimos anos de sua vida e deixados inacabados, são considerados por ele a conclusão de sua obra e de sua vida, daí a utilização da palavra "portanto", que anuncia uma conclusão. (N.T.)

2. Alusão constante no texto, esse sujeito oculto diz respeito ao complô que Rousseau acreditava existir contra a sua pessoa. (N.T.)

e quanto mais eu penso em minha situação atual, menos consigo entender onde estou.

Oh, como poderia prever o destino que me aguardava? Como concebê-lo ainda hoje, quando a ele estou entregue? Poderia supor, em meu bom-senso, que um dia o mesmo homem que fui, o mesmo que ainda sou, passaria, seria tido, sem a menor dúvida, por um monstro, um envenenador, um assassino, que me tornaria o horror da raça humana, o joguete da canalha, que a única saudação que os passantes me fariam seria cuspir em mim, que uma geração inteira se divertiria, de comum acordo, a enterrar-me em vida? Quando essa estranha revolução se deu, pego de surpresa, a princípio fiquei transtornado. Minhas agitações e minha indignação me mergulharam em um delírio que levou não menos que dez anos para acalmar, e nesse meio-tempo, passando de erro em erro, de falta em falta, de tolice em tolice, forneci aos que dirigem meu destino, com minhas imprudências, instrumentos que com habilidade empregaram para fixá-lo para sempre.

Por muito tempo me debati de maneira tanto violenta quanto inútil. Sem destreza, sem arte, sem dissimulação, sem prudência, franco, aberto, impaciente, arrebatado, ao me debater apenas me enredei mais ainda e continuei dando a eles novas influências sobre mim, que tiveram o cuidado de não negligenciar. Por fim, sentindo inúteis todos os meus esforços e me atormentando em vão, tomei a única decisão que me restava tomar, a de me submeter a meu destino sem mais resistir ao inevitável. Encontrei nessa resignação a compensação a todos os meus males pela tranquilidade que me traz, que não podia se aliar ao trabalho contínuo de uma resistência tão penosa quanto infrutífera.

Outra coisa contribuiu para essa tranquilidade. Em todas as sutilezas de seus ódios, meus perseguidores omitiram uma que a animosidade os fez esquecer: a de graduar seus efeitos de tal forma que pudessem manter e renovar minhas dores de maneira contínua, fazendo-me sempre um novo ataque. Se tivessem tido a habilidade de me deixar algum lampejo de esperança, ainda teriam esse poder sobre mim. Poderiam ainda fazer de mim seu joguete, com alguma falsa armadilha, e em seguida me ferir, por minha expectativa frustrada, com um tormento sempre novo. Mas esgotaram todos os seus recursos antes do tempo e, não me deixando nada, tiraram tudo de si mesmos. A difamação, o rebaixamento, a zombaria, a desonra com que me cobriram não estão mais sujeitos a ampliação ou a suavização; somos igualmente incapazes, eles de agravá-los e eu de escapar-me. Tanto se apressaram em chegar ao limite de minha miséria que todo o poder humano, ajudado por todos os ardis do inferno, nada poderia acrescentar. A própria dor física, em vez de aumentar meus pesares, seria uma distração. Arrancando-me gritos, talvez me pouparia dos gemidos, e o dilaceramento de meu corpo interromperia o de meu coração.

O que ainda tenho a temer em relação a eles, visto que tudo foi feito? Não podendo piorar meu estado, não poderiam me inspirar temores. A inquietude e o medo são males de que me livraram em definitivo: isso é sempre um consolo. Os males reais têm sobre mim pouca influência; aceito com facilidade os que experimento, mas não os que temo. Minha imaginação assustadiça os combina, esquadrinha, desdobra e aumenta. Esperar por eles me atormenta cem vezes mais do que sua presença, e a ameaça me é mais terrível que o golpe. Assim que chegam, as circunstâncias, removendo tudo o que tinham de imaginário, os reduzem a seu justo valor. Considero-os nesse momento bem menores do que os concebera e, mesmo em meio a meu sofrimento, não deixo de me sentir aliviado. Nesse estado, liberto de qualquer novo temor e salvo da inquietude da esperança, o hábito bastará para a cada dia tornar mais suportável uma situação que não pode ser piorada por nada, e à medida que a sensação é enfraquecida pelo tempo não podem mais reanimá-la. Esse é o bem que meus perseguidores me fizeram ao esgotarem de forma desmesurada todas as manifestações de sua animosidade. Perderam todo poder sobre mim, e posso agora zombar deles.

Ainda não faz dois meses que uma calma absoluta voltou a meu coração. Havia muito tempo eu nada mais temia, mas esperava ainda, e essa esperança, ora alimentada, ora frustrada, era uma via pela qual mil paixões distintas não cessavam de me agitar. Um acontecimento tão triste quanto imprevisto veio por fim apagar de meu coração esse tênue fio de esperança e me fez ver meu destino fixado em definitivo, para sempre, neste mundo. Desde então, me resignei sem reservas e reencontrei a paz.

Assim que comecei a vislumbrar a trama em toda a sua extensão, abandonei para sempre a ideia de reconduzir, em vida, o público para o meu lado; e inclusive esse retorno, não mais podendo ser recíproco, me seria bastante inútil. Por mais que os homens voltassem a mim, não mais me encontrariam. Com o desdém que me inspiraram, suas atividades me seriam insípidas e até mesmo um estorvo, e sou cem vezes mais feliz em minha solidão do que poderia ser vivendo com eles. Arrancaram de meu coração todas as doçuras da vida em sociedade. Estas não mais poderiam germinar à minha idade; é tarde demais. Quer me façam bem ou mal a partir de agora, tudo o que vem deles me é indiferente, e não importa o que façam, meus contemporâneos nunca serão nada para mim.

No entanto, ainda contava com o futuro e esperava que uma geração melhor, observando bem os julgamentos feitos por ela sobre mim e sua conduta para comigo, desenredasse com facilidade o estratagema daqueles que a dirigem e por fim me visse tal como sou. Foi essa esperança que me fez escrever meus *Diálogos*[3] e que me sugeriu mil loucas

---

3. Rousseau escreveu diversas obras autobiográficas, dentre as quais os diálogos de *Rousseau juiz de Jean-Jacques*, publicados postumamente. (N.T.)

tentativas de fazê-los passar à posteridade. Essa esperança, apesar de distante, mantinha minha alma na mesma agitação de quando ainda procurava um coração justo no mundo, e por mais que jogasse minhas expectativas para longe, elas também me faziam o joguete dos homens de hoje. Disse em meus *Diálogos* sobre o que se baseava essa espera. Eu me enganei. Por sorte percebi isso a tempo de ainda encontrar, antes de morrer, um intervalo de plena quietude e repouso absoluto. Esse intervalo começou na época de que falo, e tenho motivo para crer que não será mais interrompido.

Faz bem poucos dias que novas reflexões me confirmaram o quanto estive errado em contar com o retorno do público, mesmo em outra época; pois este é conduzido, no que me concerne, por guias que se renovam de forma constante em corporações que me têm aversão. Os indivíduos morrem, mas os organismos coletivos não morrem jamais. As mesmas paixões ali se perpetuam, e seu ódio ardente, imortal como o demônio que o inspira, tem sempre a mesma atividade. Quando todos os meus inimigos particulares estiverem mortos, os médicos, os oratorianos[4] viverão ainda, e enquanto tiver como perseguidores essas duas corporações, terei a certeza de que não darão maior paz à minha memória depois de minha morte do que dão à minha pessoa em vida. Talvez, com o tempo, os médicos, que de fato ofendi, possam se acalmar. Mas os oratorianos que amava, que estimava, em quem tinha total confiança e a quem jamais ofendia, estes, homens da Igreja e semimonges, serão para sempre implacáveis – sua própria iniquidade constitui meu crime, que seu amor-próprio não perdoará jamais –, e o público, cuja animosidade terão o cuidado de para sempre manter e reavivar, não mais do que eles se acalmará.

---

4. *Oratorianos*: membros da Congregação do Oratório, que Rousseau atacara junto com os médicos em seus *Diálogos*. (N.T.)

Tudo terminou para mim sobre a terra. Não podem mais me fazer nem bem nem mal. Não me resta mais nada a esperar nem a temer neste mundo, e aqui estou tranquilo no fundo do abismo, pobre mortal desventurado, mas impassível como o próprio Deus.

Tudo o que me é externo de agora em diante me é estranho. Não tenho mais neste mundo nem próximo, nem semelhantes, nem irmãos. Estou sobre a terra como num planeta estranho onde tivesse caído daquele que habitava. Se reconheço à minha volta alguma coisa, são apenas objetos aflitivos e dilacerantes para o meu coração, e não posso colocar os olhos sobre o que me toca e rodeia sem encontrar sempre algum desdém que me revolta ou dor que me aflige. Afastemos de meu espírito, portanto, todos os penosos objetos de que me ocuparia de maneira tão dolorosa quanto inútil. Sozinho para o resto de minha vida, visto que encontro apenas em mim o consolo, a esperança e a paz, só devo e quero me ocupar de mim. É neste estado que retomo a continuação do exame severo e sincero que chamei outrora minhas *Confissões*. Destino meus últimos dias a estudar a mim mesmo e a preparar com antecipação as contas que não tardarei a prestar sobre mim. Entreguemo-nos por inteiro à doçura de conversar com minha alma, pois ela é a única que os homens não me podem tirar. Se, à força de refletir sobre minhas disposições interiores, conseguir colocá-las em melhor ordem e corrigir o mal que pode ter restado, minhas meditações não serão de todo inúteis, e apesar de não servir para mais nada sobre a terra, não terei perdido por completo meus últimos dias. As distrações de minhas caminhadas diárias muitas vezes foram preenchidas por contemplações encantadoras de que lamento ter perdido a lembrança. Fixarei através da escrita as que ainda poderão me acontecer; cada vez que as reler, recuperarei seu prazer. Esquecerei meus infortúnios, meus perseguidores, meus opróbrios, pensando no prêmio que meu coração merecera.

Essas folhas não passarão de um diário disforme de meus devaneios. Nele, muito se falará de mim, porque um solitário que reflete necessariamente se ocupa muito de si mesmo. De resto, todas as ideias externas que me passam pela cabeça ao caminhar também ali encontrarão lugar. Direi o que pensei tal como me ocorreu e com tão pouco encadeamento quanto as ideias da véspera têm em geral com as do dia seguinte. Mas pelo conhecimento dos sentimentos e pensamentos que meu espírito faz seu alimento diário, no estranho estado em que me encontro, sempre resultará um novo conhecimento de minha natureza e de meu humor. Essas folhas podem, portanto, ser consideradas um apêndice a minhas *Confissões*, mas não uso o mesmo título por não sentir mais nada a dizer que possa merecê-lo. Meu coração se purificou no cadinho da adversidade, e nele mal encontro, sondando com cuidado, algum resquício de inclinação repreensível. O que teria a confessar, quando todos os afetos terrenos dele foram arrancados? Não tenho do que me louvar mais do que me culpar: agora inexisto entre os homens, e isso é tudo que posso ser, não mais tendo com eles relação real e verdadeira sociedade. Não mais podendo fazer algum bem que se torne um mal, não mais podendo agir sem incomodar a alguém ou a mim mesmo, a abstenção se tornou meu único dever, e o cumpro na medida em que me cabe. Mas nessa inatividade do corpo minha alma ainda está ativa, ela ainda produz sentimentos, pensamentos, e sua vida interna e moral parece ter aumentado com o fim de todo interesse terreno e temporal. Meu corpo não passa para mim de um empecilho, um obstáculo, e dele me desprendo antes do tempo tanto quanto possível.

Uma situação tão singular com certeza merece ser examinada e descrita, e é a esse exame que dedico minhas últimas distrações. Para fazê-lo com sucesso, seria preciso proceder com ordem e método: mas sou incapaz desse trabalho, e ele inclusive me afastaria de meu objetivo, que é perceber as modificações de minha alma e seus encadeamentos. Farei comigo mesmo, de certa forma, as operações que os físicos fazem com o ar para conhecer sua condição diária. Aplicarei o barômetro à minha alma, e essas operações bem-dirigidas e muitas vezes repetidas poderiam fornecer-me resultados tão seguros quanto os seus. Mas não estendo até esse ponto minha empresa. Eu me contentarei em fazer um registro das operações sem procurar reduzi-las a um sistema. Faço a mesma empresa de Montaigne, mas com um objetivo em tudo oposto ao seu: escrevia seus *Ensaios* apenas para os outros, enquanto escrevo meus devaneios apenas para mim. Se em meus últimos dias, próximo da partida, eu continuar, como espero, com o mesmo estado de espírito com que me encontro, sua leitura me lembrará da doçura que experimento ao escrevê-los e, fazendo assim renascer o tempo passado, duplicará de certo modo minha existência. Apesar dos homens, saberei apreciar ainda o encanto da sociedade e viverei decrépito ao lado de mim mesmo em outra idade como viveria com um amigo menos velho.

Escrevi minhas primeiras *Confissões* e meus *Diálogos* com uma preocupação constante sobre os meios de salvá--los das mãos ávidas de meus perseguidores para transmiti--los, se possível, a outras gerações. Essa inquietação não mais me atormenta neste relato, sei que seria inútil, e, tendo-se apagado em meu coração o desejo de ser melhor conhecido pelos homens, deixa ele apenas uma indiferença profunda sobre o destino de meus verdadeiros escritos e dos testemunhos de minha inocência, que talvez tenham todos sido destruídos para sempre. Quer espionem o que faço, quer haja inquietação com essas folhas, quer se apoderem delas, quer as suprimam, quer as falsifiquem, tudo isso me é indiferente agora. Não as escondo nem mostro. Se me forem arrebatadas ainda em vida, não me serão arrebatados nem o prazer de tê-las escrito, nem a lembrança de seu conteúdo, nem as meditações solitárias de que foram o fruto e cuja fonte só pode se extinguir com minha alma. Se desde minhas primeiras desgraças tivesse sabido nada opor contra meu destino e tivesse tomado a decisão que tomo hoje, todos os esforços dos homens, todas as suas assustadoras maquinações não teriam tido efeito sobre mim e não teriam podido perturbar meu repouso com todas as suas tramas, assim como não podem perturbá-lo agora com todos os seus êxitos; que gozem à vontade de meu opróbrio, não me impedirão de, contra sua vontade, gozar de minha inocência e terminar meus dias em paz.

Segunda caminhada

Tendo concebido, portanto, o projeto de descrever o estado habitual de minha alma na mais estranha condição em que jamais possa se encontrar um mortal, não vi maneira mais simples e mais segura de realizar essa empresa do que manter um registro fiel de minhas caminhadas solitárias e dos devaneios que as preenchem quando deixo minha mente livre por inteiro e minhas ideias seguirem suas inclinações, sem resistência e sem dificuldade. Essas horas de solidão e de meditação são as únicas do dia em que sou eu mesmo por inteiro e pertenço a mim sem distração, sem obstáculo, e em que posso dizer de verdade que sou o que a natureza quis.

Logo senti que havia demorado demais para executar esse projeto. Minha imaginação menos viva não se inflama como outrora ao contemplar o objeto que a anima; eu me extasio menos com o delírio do devaneio; há mais reminiscências do que criação no que ele produz agora, uma tépida languidez enfraquece todas as minhas faculdades, o espírito de vida aos poucos se apaga em mim; minha alma se lança com dificuldade para fora de seu envoltório caduco e viveria, sem a esperança do estado a que aspiro porque a ele sinto ter direito, apenas através de lembranças. Assim, para contemplar a mim mesmo antes de meu declínio, é preciso voltar ao menos alguns anos para o tempo em que, ao perder toda esperança neste mundo e sem encontrar alimento para o meu coração sobre a terra, aos poucos me acostumava a nutri-lo com sua própria substância e a buscar todo o seu alimento dentro de mim.

Esse recurso, que descobri tarde demais, tornou-se tão fecundo que logo foi suficiente para me compensar de tudo. O hábito de entrar em mim mesmo por fim me fez perder a sensação e quase a lembrança de meus males; aprendi, assim, por minha própria experiência, que a fonte da verdadeira felicidade está em nós e que não depende dos homens tornar miserável aquele que sabe querer ser feliz. Há quatro ou cinco anos experimentava essas delícias internas que as almas afetivas e suaves encontram na contemplação. Esses enlevos, esses êxtases que sentia algumas vezes ao caminhar assim sozinho, eram prazeres que devia a meus perseguidores: sem eles nunca teria encontrado nem conhecido os tesouros que carregava em mim mesmo. Em meio a tantas riquezas, como fazer um registro fiel? Querendo lembrar tantos doces devaneios, em vez de escrevê-los, voltava a eles. Era um estado restituído por sua lembrança, que logo deixamos de conhecer cessando de senti-lo por completo.

Senti isso nas caminhadas que se seguiram ao projeto de escrever a sequência de minhas *Confissões*, em especial nesta que vou contar, na qual um acidente imprevisto veio romper o fio de minhas ideias e dar-lhes por algum tempo um outro curso.

Na quinta-feira 24 de outubro de 1776, depois do jantar, segui os bulevares até a Rue du Chemin-Vert, pela qual cheguei às alturas de Ménilmontant[5], e dali, tomando atalhos pelas vinhas e campinas, atravessei até Charonne a alegre paisagem que separa essas duas aldeias, depois fiz um desvio para voltar pelas mesmas campinas usando outro caminho. Eu me divertia percorrendo-as com o prazer e o interesse que sempre me proporcionaram os cenários agradáveis, parando algumas vezes para fixar os olhos em

---

5. Ménilmontant e Charonne foram, até 1860, quando de sua anexação a Paris, cidades nos subúrbios da capital francesa – hoje bairros pertencentes ao 20º *arrondissement*. (N.T.)

plantas na vegetação. Percebi duas que via muito raramente nos arredores de Paris e que descobri muito abundantes naquele cantão. Uma é o *Picris hieracioides*, da família das compostas, e a outra é o *Buplevrum falcatum*, das umbelíferas. Essa descoberta me alegrou e me distraiu por bastante tempo e acabou na de uma planta ainda mais rara, sobretudo numa região elevada, a saber o *Cerastium aquaticum*, que, apesar do acidente que me aconteceu no mesmo dia, reencontrei no livro que tinha comigo e coloquei em meu herbário.[6]

Por fim, depois de inspecionar detalhadamente várias outras plantas que via ainda em flor, cujo aspecto e cuja designação me eram familiares e mesmo assim ainda me davam prazer, pouco a pouco abandonava essas pequenas observações para me entregar à impressão não menos agradável, porém mais tocante, que o conjunto de tudo isso causava em mim. Há alguns dias a vindima havia terminado; os visitantes da cidade se haviam retirado; os camponeses também abandonavam os campos, até os trabalhos de inverno. A planície, ainda verde e agradável, mas em parte desfolhada e quase deserta, apresentava por toda parte a imagem da solidão e da aproximação do inverno. Resultava de seu aspecto uma mistura de impressões doces e tristes, análogas demais a meu destino para que não as aplicasse a mim. Via a mim mesmo no declínio de uma vida inocente e desafortunada, a alma ainda repleta de sentimentos vivazes e o espírito ainda ornado de algumas flores, murchas pela tristeza e ressequidas pelos desgostos. Sozinho e abandonado, sentia chegar o frio das primeiras geadas, e minha imaginação esgotada não mais povoava minha solidão com seres criados por meu coração. Dizia a mim mesmo, suspirando: o que fiz neste mundo? Fui

---

6. Uma das paixões de Rousseau era herborizar, isto é, colher, prensar, secar e preparar exemplares botânicos para colocá-los num herbário, a coleção dessas plantas, para posterior estudo e análise. (N.T.)

feito para viver, e morro sem ter vivido. Pelo menos não foi por culpa minha, e levarei ao criador de meu ser, se não a oferenda das boas obras que não me deixaram fazer, pelo menos um tributo de boas intenções frustradas, de sentimentos sadios tornados inócuos e de uma paciência à prova dos desprezos dos homens. Eu me comovia com essas reflexões, recapitulava os movimentos da minha alma desde a juventude e no decorrer da idade madura, desde que me sequestraram da companhia dos homens, e durante o longo retiro em que devem terminar meus dias. Voltava com complacência a todas as afeições de meu coração, a essas ligações tão ternas, mas tão cegas, às ideias menos tristes do que consoladoras com que minha esperança se alimentava há alguns anos, e me preparava para lembrá-las o suficiente a fim de descrevê-las com um prazer quase igual ao que tivera ao me entregar a elas. A tarde passou em meio a essas agradáveis meditações, e eu voltava muito contente de meu dia quando, no auge do devaneio, fui puxado pelo acontecimento que me falta contar.

Às seis horas, estava descendo de Ménilmontant, quase em frente ao Galant Jardinier[7], quando, de repente, as pessoas que caminhavam à minha frente se afastaram e vi se lançar sobre mim um grande cão dinamarquês que, avançando veloz na frente de uma carruagem, não teve tempo de parar sua corrida ou desviar ao me ver. Calculei que a única maneira de evitar ser atirado ao chão era dar um grande salto, tão preciso que o cão passasse por baixo de mim enquanto estivesse no ar. Essa ideia, mais breve que o relâmpago, que não tive tempo nem de considerar nem de executar, foi a última antes do acidente. Não senti nem o golpe nem a queda, nem nada do que se seguiu até o momento em que voltei a mim.

Era quase noite quando recuperei os sentidos. Estava nos braços de três ou quatros jovens que me contaram

---

7. Ponto de referência na região ou, mais provavelmente, uma taberna. (N.T.)

o que acabara de acontecer. O cão dinamarquês, não conseguindo frear seu impulso, precipitara-se sobre as minhas duas pernas e, atingindo-me com sua massa e sua velocidade, me fizera cair de cabeça: o maxilar superior, ao suportar todo o peso de meu corpo, batera numa pedra do pavimento bastante irregular, e a queda fora ainda mais violenta porque, estando numa ladeira, minha cabeça batera abaixo de meus pés.

A carruagem a que o cão pertencia vinha logo atrás e teria passado sobre meu corpo se o cocheiro não tivesse de pronto parado os cavalos. Foi isso que fiquei sabendo pelo relato daqueles que me haviam levantado e que ainda me seguravam quando voltei a mim. O estado em que me encontrava naquele instante é singular demais para não fazer aqui sua descrição.

A noite avançava. Percebi o céu, algumas estrelas e um pouco de vegetação. Essa primeira sensação foi um momento delicioso. Sentia a mim mesmo apenas através dela. Nascia para a vida naquele instante e me parecia preencher com minha leve existência todos os objetos que percebia. Por inteiro no presente, não lembrava de nada; não tinha uma noção distinta de meu indivíduo, nem a mínima ideia do que acabara de acontecer; não sabia quem era ou onde estava; não sentia nem dor, nem medo, nem inquietude. Via meu sangue correr como teria visto correr um riacho, sem sequer pensar que aquele sangue me pertencia de alguma forma. Sentia em todo o meu ser uma calma maravilhosa à qual, cada vez que lembro, não encontro nada de comparável no conjunto dos prazeres conhecidos.

Perguntaram onde morava; foi-me impossível dizer. Perguntei onde estava; disseram, *na Haute-Borne*; foi como se tivessem dito *no monte Atlas*. Precisei perguntar sucessivamente o país, a cidade e o bairro em que me encontrava. Isso ainda não foi suficiente para me reconhecer; demorei todo o trajeto dali até o bulevar para lembrar meu endereço e meu nome. Um senhor que não conhecia e que teve a bondade de me acompanhar por algum tempo, ao saber que morava tão longe, me aconselhou tomar, no Temple[8], um fiacre para conduzir-me à minha casa. Eu caminhava bastante bem, com bastante leveza, sem sentir dor ou lesão, apesar de ainda cuspir muito sangue. Mas sentia um calafrio glacial que me fazia bater de uma maneira bastante incômoda meus dentes despedaçados. Ao chegar ao Temple, pensei que por caminhar sem dificuldade seria melhor continuar meu caminho a pé do que me expor a morrer de frio em um fiacre. Fiz assim a meia légua entre o Temple e a Rue Plâtrière, caminhando sem dificuldade, evitando os obstáculos, os veículos, escolhendo e seguindo meu caminho tão bem quanto teria feito em perfeita saúde. Chego, abro a fechadura que colocaram na porta da rua, subo a escada na escuridão e por fim entro em casa sem outro acidente por minha queda e suas consequências, que ainda nem percebera.

Os gritos de minha mulher ao me ver fizeram-me entender que estava mais estropiado do que pensava. Passei a noite sem todavia conhecer e sentir meu mal. Eis o que senti e encontrei no dia seguinte. Tinha o lábio superior cortado por dentro até o nariz, por fora a pele o protegera melhor e impedira uma total separação, quatro dentes enterrados no maxilar superior, toda a parte do rosto que o cobre inchada e machucada ao extremo, o polegar direito deslocado e muito grosso, o polegar esquerdo gravemente ferido, o braço esquerdo deslocado, o joelho esquerdo também muito inchado, impossibilitado de dobrar por causa de uma contusão forte e dolorosa. Mesmo com todas essas repercussões, nada de quebrado, nem mesmo um dente, felicidade que parece um prodígio numa queda como aquela.

---

8. Antiga fortaleza parisiense construída pelos templários que se tornaria uma prisão, tendo sido destruída em 1808. (N.T.)

Eis, com toda fidelidade, a história de meu acidente. Em poucos dias, essa mesma história espalhou-se por Paris de forma tão alterada e desfigurada que era impossível reconhecer-lhe algo. Deveria ter antecipado essa metamorfose, mas tantas circunstâncias bizarras se somaram a ela; tantas proposições obscuras e reticências a acompanharam, me falavam dela com um ar tão ridiculamente discreto, que todos esses mistérios me inquietaram. Sempre odiei as trevas, elas por natureza me inspiram um horror que aquelas com que me cercam há tantos anos não puderam diminuir. Dentre todas as singularidades dessa época, assinalarei apenas uma, no entanto suficiente para julgar as outras.

O senhor Lenoir, tenente-geral da polícia, com quem jamais tivera alguma relação, enviou seu secretário para informar-se de minha situação e fazer-me insistentes ofertas de serviços, que na ocasião não me pareceram de grande utilidade para o meu conforto. Seu secretário não deixou de insistir com ardor para que me prevalecesse dessas ofertas, chegando a dizer que, se não confiasse nele, poderia escrever direto ao senhor Lenoir. Essa grande insistência e o ar de confidência que acrescentou a ela me fizeram entender que havia em tudo isso algum mistério que eu em vão buscava penetrar. Mais não era preciso para me assustar, sobretudo no estado de agitação em que meu acidente e a febre que a ele se somara haviam colocado em minha cabeça. Entreguei-me a mil conjecturas inquietantes e tristes, e fazia sobre tudo o que acontecia à minha volta comentários que atestavam mais o delírio da febre do que o sangue-frio de um homem que não se interessa por mais nada.

Outro acontecimento veio acabar de perturbar minha tranquilidade. A senhora d'Ormoy me procurara há alguns anos, sem que pudesse adivinhar por quê. Pequenos presentes afetados, visitas frequentes sem motivo e sem prazer assinalavam um objetivo secreto a tudo isso, mas que não era revelado a mim. Ela falara de um romance que queria escrever para apresentar à rainha. Dissera-lhe o que pensava das mulheres escritoras. Ela me fizera entender que esse projeto tinha como objetivo o restabelecimento de sua fortuna, para o qual precisava de proteção; eu nada tinha a dizer sobre isso. Disse-me depois que, não mais tendo acesso à rainha, estava determinada a entregar seu livro ao público. Não era mais o caso de lhe dar conselhos que ela não me pedia e que não teria seguido. Ela tinha falado em me mostrar antes o manuscrito. Roguei que nada fizesse, e ela nada fez.

Um belo dia, durante minha convalescença, recebi de sua parte esse livro já impresso e inclusive encadernado[9], e vi no prefácio elogios a mim tão excessivos, tão mal-aplicados e com tanta afetação, que fiquei desagradavelmente impressionado. A rude bajulação que nele se via nunca se aliara à benevolência, meu coração não poderia se enganar sobre isso.

Alguns dias depois, a senhora d'Ormoy veio me ver com sua filha. Ela me contou que seu livro fazia o maior sucesso por causa de uma nota; eu mal notara essa nota ao percorrer de maneira rápida o romance. Reli-a depois da partida da senhora d'Ormoy, examinei sua construção, acreditei nela encontrar o motivo de suas visitas, de suas adulações, dos excessivos elogios em seu prefácio e julguei que tudo aquilo tinha como único objetivo levar o público a atribuir-me a nota e, por conseguinte, a censura que poderia atrair a seu autor nas circunstâncias em que era publicada.

Eu não tinha nenhum meio de destruir esse boato nem a impressão que ele podia causar, e a única coisa que dependia de mim era não alimentá-lo tolerando a continuação das vãs e ostensivas visitas da senhora d'Ormoy e de sua filha. Eis, em vista disso, o bilhete que escrevi à mãe:

---

9. Trata-se do romance *Malheurs de la jeune Émélie pour servir d'instruction aux âmes vertueuses et sensibles* [Sofrimentos da jovem Émélie para servir de instrução às almas virtuosas e sensíveis]. A senhora d'Ormoy dizia na introdução a propósito de Rousseau: "Confesso que esse homem célebre é meu herói". (N.T.)

"Como Rousseau não recebe em sua casa nenhum autor, agradece a senhora d'Ormoy por suas gentilezas e roga que ela não mais o honre com suas visitas."

Ela me respondeu com uma carta correta na forma, mas amarga como todas as que recebo em situações semelhantes. Eu barbaramente dera uma punhalada em seu coração sensível e devia acreditar, pelo tom de sua carta, que ela tinha por mim sentimentos tão vivos e verdadeiros que não suportaria essa ruptura sem morrer. É assim que a retidão e a franqueza, em todos os casos, são crimes terríveis na sociedade, e eu parecia a meus contemporâneos mau e feroz, mesmo quando a seus olhos não tivesse cometido outro crime que o de não ser falso e pérfido como eles.

Saíra diversas vezes e inclusive passeava com bastante frequência nas Tulherias, quando vi, pelo espanto de várias pessoas que me encontravam, que ainda havia a meu respeito alguma novidade que eu ignorava. Fiquei sabendo, por fim, que o boato público era que eu morrera com a queda, e esse boato espalhou-se de maneira tão rápida e obstinada que mais de quinze dias depois que dele me informaram, o próprio rei e a rainha falaram dele como de uma coisa certa. O *Courrier d'Avignon*, ao qual tiveram o cuidado de escrever anunciando a feliz notícia, não deixou de se antecipar, na ocasião, ao tributo de ultrajes e indignidades que são preparadas em minha memória para depois de minha morte em forma de oração fúnebre.

Essa notícia foi acompanhada de uma circunstância ainda mais singular que soube apenas por acaso e da qual não pude conhecer nenhum detalhe. É que fora aberta, ao mesmo tempo, uma subscrição para a impressão dos manuscritos que fossem encontrados em minha casa. Entendi com isso que estava pronta uma coletânea de escritos falsificados com a intenção de serem atribuídos a mim logo depois de minha morte: pois pensar que fossem impressos de maneira fiel qualquer um dos que de fato poderiam ser encontrados era uma tolice que não poderia passar pela mente de um homem sensato, a quem quinze anos de experiência haviam precavido mais que o suficiente.

Essas observações feitas uma após a outra e seguidas de várias outras não menos espantosas mais uma vez assustaram minha imaginação, que acreditava amortecida, e essas negras trevas que eram reforçadas sem descanso em torno de mim reanimaram todo o horror que por natureza me inspiram. Cansei de fazer mil comentários sobre tudo isso, tentando entender mistérios que se tornaram inexplicáveis para mim. O único resultado constante de tantos enigmas foi a confirmação de todas as minhas conclusões precedentes, isto é, que tendo o destino de minha pessoa e de minha reputação sido fixado de comum acordo por toda a geração presente, nenhum esforço de minha parte poderia livrar-me dele, visto que estou de todo impossibilitado de transmitir qualquer registro a outras épocas sem fazê-lo passar, nesta, por mãos interessadas em suprimi-lo.

Mas dessa vez fui mais longe. O acúmulo de tantas circunstâncias fortuitas, a ascensão de todos os meus piores inimigos afetada, de certa forma, pela sorte, por todos aqueles que governam o Estado, todos aqueles que dirigem a opinião pública, todas as pessoas em posições elevadas, todos os homens confiáveis escolhidos a dedo entre aqueles que têm contra mim alguma animosidade secreta, para contribuir para o complô conjunto, esse acordo universal é extraordinário demais para ser apenas fortuito. Um único homem que tivesse recusado ser cúmplice, um único acontecimento que tivesse sido contrário, uma única circunstância imprevista que tivesse feito obstáculo bastaria para fazê-lo fracassar. Mas todas as vontades, todas as fatalidades, a sorte e todas as reviravoltas consolidaram a obra dos homens, e uma convergência tão impressionante que parece um prodígio não me deixa dúvidas de que seu total sucesso esteja escrito nos decretos eternos. Uma infinidade de observações particulares, seja no passado, seja no presente, me confirmam de tal modo essa opinião que não posso evitar, agora, olhar como um desses segredos do céu impenetráveis à razão humana a mesma obra que considerava até o momento um fruto da maldade dos homens.

Essa ideia, longe de me parecer cruel e dolorosa, me consola, me tranquiliza e me ajuda a resignar-me. Não vou tão longe quanto Santo Agostinho, que teria se consolado da danação se tal fosse a vontade de Deus. Minha resignação vem de uma fonte menos desinteressada, é verdade, mas não menos pura e mais digna, na minha opinião, do Ser perfeito que adoro. Deus é justo; ele quer que eu sofra; e ele sabe que sou inocente. Eis o motivo de minha confiança, meu coração e minha razão gritam que ela não me enganará. Deixemos, portanto, os homens e o destino; aprendamos a sofrer sem barulho; tudo precisa, no fim, voltar à ordem, e cedo ou tarde minha vez chegará.

Terceira caminhada

Envelheço aprendendo sempre.

Sólon com frequência repetia esse verso em sua velhice.[10] Ele tem um sentido que eu também poderia aplicar à minha; porém, há vinte anos a experiência me fez adquirir um conhecimento bastante triste: a ignorância ainda é preferível. A adversidade sem dúvida é uma grande mestra, mas cobra caro por suas lições, e em geral o proveito que temos não vale o preço que custaram. Além disso, antes que tenhamos obtido todos esses haveres com lições tão tardias, a oportunidade de usá-los passa. A juventude é o momento de estudar a sabedoria; a velhice é o momento de praticá-la. A experiência sempre instrui, reconheço-o; contudo, é proveitosa apenas para o que temos à nossa frente. No momento de morrer, haverá tempo de aprender como deveríamos ter vivido?

Oh, de que me servem luzes, tão tardia e tão dolorosamente adquiridas, sobre o meu destino e sobre as paixões dos outros, das quais este é obra? Aprendi a melhor conhecer os homens apenas para melhor sentir a miséria em que me mergulharam, sem que esse conhecimento, ao me revelar todas as suas armadilhas, tenha me feito evitar alguma. Por que não permaneci para sempre nesta débil mas doce confiança que me tornou durante tantos anos a presa e o joguete de meus ruidosos amigos, sem que tivesse, envolvido em todas as suas tramas, nem a mínima suspeita! Era enganado e vítima, é verdade, mas me acreditava

---

10. Citado por Plutarco em *Vida de Sólon*. (N.T.)

amado por eles, e meu coração gozava da amizade que me inspiravam, atribuindo-lhes o mesmo por mim. Essas doces ilusões foram destruídas. A triste verdade, que o tempo e a razão desvelaram ao me fazerem sentir minha desgraça, me fez ver que não havia remédio e que me restava apenas a resignação. Assim, todas as experiências da minha idade, em meu estado, não têm para mim utilidade no presente e proveito no futuro.

Entramos em cena no nascimento, dela saímos na morte. De que serve aprender a melhor conduzir seu carro quando se está no fim da corrida? Só resta pensar como sair dela. O estudo de um velho, se ainda tem algum a fazer, é apenas aprender a morrer, e é justamente o que menos se faz na minha idade; se pensa em tudo, menos nisso. Todos os velhos têm mais apego à vida que as crianças e saem dela com maior má vontade que os jovens. Como todas as suas obras foram para essa mesma vida, veem a seu fim que trabalharam em vão. Todos os seus esforços, todos os seus bens, todos os frutos de suas laboriosas vigílias, tudo é deixado quando partem. Não pensaram em adquirir algo em suas vidas que pudessem levar na morte.

Pensei tudo isso quando era tempo de pensá-lo, e se não soube tirar melhor partido de minhas reflexões não foi por deixar de fazê-las a tempo e não tê-las digerido bem. Atirado, desde a infância, no turbilhão da sociedade, aprendi em boa hora através da experiência que não fora feito para nela viver e que nela nunca chegaria ao estado de que meu coração sentia necessidade. Cessando, portanto, de buscar entre os homens a felicidade que sentia ali não poder encontrar, minha ardente imaginação saltava por sobre a extensão de minha vida, recém-começada, como por um terreno que me fosse estranho, para repousar em um estado tranquilo em que pudesse me fixar.

Esse sentimento, alimentado pela educação desde a minha infância e reforçado durante toda a minha vida por esse longo encadeamento de misérias e infortúnios que a preencheu, me fez buscar, em todos os momentos, conhecer a natureza e a finalidade de meu ser com mais interesse e cuidado do que encontrei em qualquer outro homem. Vi muitos que filosofavam de maneira muito mais douta que eu, mas sua filosofia lhes era, de certa forma, estranha. Querendo ser mais sábios que outros, estudavam o universo para saber como este estava arranjado, como teriam estudado alguma máquina que tivessem encontrado, por pura curiosidade. Estudavam a natureza humana para poder falar dela com sabedoria, mas não para se conhecerem; trabalhavam para instruir os outros, mas não para se esclarecerem interiormente. Muitos apenas queriam escrever um livro, qualquer um, contanto que este fosse bem-recebido. Quando o livro estivesse pronto e publicado, seu conteúdo não lhes interessava mais em nada, a não ser para fazê-lo ser adotado pelos outros e para defendê-lo em caso de ataque, mas de resto sem nada retirar-lhe para seu próprio uso, sem nem se preocupar se seu conteúdo fosse falso ou verdadeiro, conquanto não fosse refutado. Quanto a mim, quando desejei aprender, foi para eu mesmo saber e não para ensinar; sempre acreditei que antes de instruir os outros era preciso começar sabendo o suficiente para si mesmo, e de todos os estudos que fiz em minha vida em meio aos homens não há quase nenhum que também não tivesse feito sozinho em uma ilha deserta onde estivesse confinado pelo resto de meus dias. O que faremos depende muito do que acreditamos, e em tudo que não diz respeito às necessidades básicas da natureza nossas opiniões são a regra de nossas ações. Conforme esse princípio, que foi sempre o meu, procurei muitas vezes e por longo tempo, para guiar o uso da minha vida, conhecer seu verdadeiro fim e logo me consolei de minha pouca aptidão para me conduzir com habilidade neste mundo, sentindo que não devia buscar nele tal fim.

Nascido numa família em que reinava a moral e a piedade, educado depois com doçura na casa de um pastor cheio de sabedoria e religião[11], recebi desde a minha mais tenra infância os princípios, as máximas, outros diriam os preconceitos, que nunca me abandonaram de todo. Ainda criança e entregue a mim mesmo, atraído por demonstrações de afeto, seduzido pela vaidade, iludido pela esperança, forçado pela necessidade, me tornei católico, mas me mantive sempre cristão, e logo, vencido pelo hábito, meu coração se apegou com sinceridade à minha nova religião. As instruções, os exemplos da senhora de Warens[12] consolidaram esse apego. A solidão campestre na qual passei a flor de minha juventude, o estudo dos bons livros ao qual me entregava por inteiro, reforçaram junto a ela minhas disposições naturais por sentimentos afetuosos e me tornaram devoto quase à maneira de Fénelon.[13] A meditação no recolhimento, o estudo da natureza, a contemplação do universo forçam um solitário a se erguer de maneira constante ao autor das coisas e a procurar com uma dúvida inquietante a finalidade de tudo o que vê e a causa de tudo o que sente. Quando meu destino me lançou na torrente da sociedade, não encontrei mais nada que pudesse deleitar por um instante meu coração. A nostalgia de meus doces lazeres me seguiu por toda parte e lançou indiferença e aversão sobre tudo o que pudesse se encontrar a meu alcance, capaz de levar à ventura e às honras. Incerto em meus inquietos desejos, esperava pouco, obtive menos ainda e

---

11. Rousseau perde a mãe ao nascer e é abandonado pelo pai aos dez anos, quando passa dois anos na casa do pastor Lambercier, de 1722 a 1724. (N.T.)

12. A senhora de Warens (1699-1762) foi tutora e depois amante de Rousseau, que conheceu em 1728 e com quem viveu alguns anos. Rousseau converte-se na Itália nesse mesmo ano, para onde o enviara a senhora de Warens, por sua vez convertida alguns anos antes. (N.T.)

13. Fénelon (1651-1751), teólogo e escritor francês, era partidário do quietismo, doutrina mística que pregava um estado de contínuo amor e união com deus, em uma total passividade de atitudes. (N.T.)

senti em lampejos de prosperidade que, quando tivesse obtido tudo o que acreditava buscar, nada teria encontrado da felicidade de que meu coração estava ávido sem saber discernir seu objeto. Assim, tudo contribuía para desviar minhas afeições deste mundo, mesmo antes dos infortúnios que me tornariam totalmente estranho a ele. Cheguei à idade de quarenta anos flutuando entre a indigência e a ventura, entre a sabedoria e a desorientação, cheio de vícios induzidos pelo hábito sem nenhuma má propensão no coração, vivendo ao acaso sem princípios bem-definidos por minha razão, e distraído de meus deveres, sem desprezá-los, mas muitas vezes sem conhecê-los bem.

Desde a minha juventude, eu fixara a idade de quarenta anos como o fim de meus esforços para vencer e de minhas pretensões de qualquer tipo. Bastante decidido, assim que atingisse essa idade e em qualquer situação que fosse, a não mais me debater para sair dela e a passar o resto de meus dias vivendo cada dia sem me ocupar do futuro. Chegada a hora, executei esse projeto sem dificuldade e, apesar de meu destino parecer querer assumir um estado mais estável, renunciei a isso não apenas sem remorso, mas com verdadeiro prazer. Ao me libertar de todas essas armadilhas, de todas essas vãs esperanças, entreguei-me por completo à despreocupação e ao repouso do espírito que sempre foram meu interesse mais dominante e minha inclinação mais duradoura. Deixei a sociedade e suas pompas, renunciei a todo adereço, sem espada, sem relógio, sem meias brancas, douraduras, penteados, uma peruca bem simples, uma grossa veste de pano, e melhor que tudo isso, extirpei de meu coração os desejos e as cobiças que dão valor a tudo o que abandonava. Renunciei à posição que ocupava, para a qual não era de modo algum apto, e comecei a copiar músicas por página, ocupação pela qual sempre tivera um firme apreço.

Não limitei minha reforma às coisas externas. Senti que ela mesma exigia uma outra, sem dúvida mais penosa, porém mais necessária, nas opiniões e, decidido a não precisar recomeçar, resolvi submeter meu interior e um severo exame que o regulasse pelo resto de minha vida da maneira como gostaria de encontrá-lo ao morrer.

A grande revolução que acabava de acontecer em mim, o outro mundo moral que se revelava a meus olhos, os julgamentos insensatos dos homens, que ainda não previa o quanto me vitimariam, mas cujo absurdo começava a sentir, a necessidade sempre crescente de um bem diferente da falsa glória literária cujas emanações mal me atingiram e logo me enojaram, o desejo, enfim, de traçar para o resto de minha carreira um caminho menos incerto do que aquele no qual passara a mais bela metade, tudo me obrigava a essa grande revisão de que há muito sentia necessidade. Iniciei-a, portanto, e não negligenciei nada do que dependia de mim para bem executar essa tarefa.

É dessa época que posso datar minha total renúncia ao mundo e esse gosto vivo pela solidão que não me abandona desde então. A obra que iniciava só poderia ser realizada em retiro absoluto; exigia longas e serenas meditações que o tumulto da sociedade não permitia. Isso me obrigou a levar por algum tempo outro modo de viver, no qual logo me senti tão bem que, tendo-o interrompido apenas à força e por poucos instantes, retomei-o com todo o meu coração e a ele me limitei sem dificuldade assim que pude, e quando a seguir os homens me obrigaram a viver sozinho, descobri que ao me isolarem para me tornar miserável eles haviam feito mais por minha felicidade do que eu soubera fazer por mim mesmo.

Dediquei-me ao trabalho que iniciara com um zelo proporcional à sua importância e à necessidade que sentia. Vivia com filósofos modernos que pouco pareciam com os antigos. Em vez de eliminarem minhas dúvidas e cessarem minhas irresoluções, haviam abalado todas as certezas que acreditava ter sobre os pontos que mais me importavam conhecer: pois, ardentes missionários do ateísmo e dogmáticos muito imperiosos não suportavam sem cólera que se ousasse pensar diferente deles sobre qualquer ponto que fosse. Várias vezes me defendera com bastante frouxidão por ódio à disputa e pouco talento para sustentá-la; porém nunca adotei a desoladora doutrina deles, e essa resistência a homens tão intolerantes, que aliás tinham suas intenções, não foi uma das menores causas que atiçou a animosidade deles.

Não me haviam persuadido, mas me haviam inquietado. Seus argumentos me haviam abalado sem jamais me haverem convencido; não encontrava nenhuma boa resposta a eles, mas sentia que deveria haver alguma. Eu me culpava menos por erro do que por inépcia, e meu coração respondia melhor a eles do que minha razão.

Por fim pensei: me deixarei eternamente agitar pelos sofismas dos que falam melhor, cujas opiniões, que pregam e têm tanto ardor em fazer os outros adotarem, eu nem mesmo tenho certeza de que sejam de fato suas? Suas paixões, que governam sua doutrina, seus interesses de fazer acreditar nisso ou naquilo, tornam impossível descobrir em que eles mesmos acreditam. Podemos procurar boa-fé nos chefes de partido? Sua filosofia é para os outros; eu precisaria de uma para mim mesmo. Procuremos com todas as forças, enquanto ainda é tempo, a fim de ter uma regra fixa de conduta para o resto de meus dias. Eis-me na maturidade, com toda a força do entendimento. Toco o declínio. Se esperar mais, não terei em minha deliberação tardia o uso de todas as minhas forças; minhas faculdades intelectuais terão perdido algo de sua atividade; farei menos bem o que hoje posso fazer da melhor maneira possível: aproveitemos esse momento favorável; é a época de minha reforma externa e material, que seja também a de minha reforma intelectual e moral. Fixemos de uma vez por todas minhas opiniões, meus princípios, e sejamos para o resto de minha vida o que eu tiver descoberto que devo ser depois de haver pensado bem sobre isso.

Executei esse projeto de maneira lenta e repetidas vezes, mas com todo o esforço e toda a atenção de que era capaz. Sentia com intensidade que o repouso do resto de meus dias e o meu destino inteiro dependiam disso. Encontrei-me primeiro em tal labirinto de obstáculos, dificuldades, objeções, tortuosidades, trevas que, vinte vezes tentado a tudo abandonar, cheguei perto de, renunciando a buscas vãs, me ater em minhas deliberações às regras da prudência comum, sem mais buscar em princípios que tivera tanta dificuldade em esclarecer. Mas essa mesma prudência me era tão estranha, me sentia tão pouco apto a adquiri-la, que tomá-la por guia não passava de querer buscar através dos mares, das tempestades, sem leme, sem bússola, um farol quase inacessível, que não indicasse porto algum.

Persisti: pela primeira vez na minha vida tive coragem, e devo a seu sucesso ter conseguido suportar o horrível destino que começava a me envolver sem que eu tivesse a menor suspeita. Depois das buscas mais ardentes e mais sinceras que talvez jamais tenham sido feitas por nenhum mortal, decidi-me por toda a minha vida sobre todos os sentimentos que me importava ter e, se pude me enganar em meus resultados, pelo menos tenho certeza de que meu erro não pode ser considerado um crime, pois fiz todos os esforços para disso me proteger. Não duvido, é verdade, que os preconceitos da infância e os votos secretos de meu coração tenham feito pender a balança para o lado mais reconfortante para mim. Dificilmente deixamos de acreditar no que desejamos com tanto ardor, e quem pode duvidar que o interesse de reconhecer ou rejeitar o julgamento da outra vida não determina a fé da maior parte dos homens na esperança ou no medo? Tudo isso podia fascinar meu julgamento, reconheço, mas não alterar minha boa-fé: pois temia acima de tudo me enganar. Se tudo consistia no uso desta vida, me importava sabê-lo, para pelo menos tirar o melhor partido que dependesse de mim enquanto ainda fosse tempo, e não ser de todo enganado. Mas o que eu mais tinha a temer no mundo, no estado de espírito em que me via, era comprometer o destino eterno de minha alma pelo gozo dos bens deste mundo, que nunca me pareceu de grande valor.

Confesso ainda que nem sempre suprimi a meu contento todas essas dificuldades que me haviam incomodado, com as quais nossos filósofos tantas vezes haviam martelado meus ouvidos. No entanto, resolvido a me decidir sobre matérias nas quais a inteligência humana tem tão pouco alcance, e encontrando em toda parte mistérios impenetráveis e objeções insolúveis, adotei em cada questão o sentimento que mais me pareceu estabelecido de maneira direta, o mais crível em si mesmo, sem me deter nas objeções que eu não podia resolver, mas que se contrapunham a outras objeções não menos fortes no sistema oposto. O tom dogmático, nessas matérias, só convém a charlatães; importa ter um sentimento próprio e escolhê-lo com toda a maturidade de julgamento que podemos ter. Se apesar disso cairmos no erro, não poderíamos cumprir a pena da lei, visto que não teríamos culpa alguma. Eis o princípio inabalável que serve de base à minha segurança.

O resultado de minhas penosas buscas foi mais ou menos como registrei depois em *Profissão de fé do vicário saboiano*[14], obra desonrada e profanada de maneira indigna na presente geração, mas que um dia pode causar agitação entre os homens se algum dia reinar o bom-senso e a boa-fé.

Depois disso, tendo permanecido tranquilo dentro dos

---

14. Livro IV do *Emílio, ou Da educação*. (N.T.)

princípios que havia adotado depois de uma meditação tão longa e refletida, fiz deles a regra imutável de minha conduta e de minha fé, sem mais me preocupar com as objeções que não pudera resolver ou com as que não pudera prever e que se apresentavam de tempos em tempos a meu espírito. Elas me inquietaram algumas vezes, mas nunca me abalaram. Sempre pensei: todas essas coisas não passam de argúcias e sutilezas metafísicas que não têm peso algum ao lado dos princípios fundamentais adotados por minha razão, confirmados por meu coração e que levam todos o selo do consentimento interior no silêncio das paixões. Em matérias tão superiores ao entendimento humano, uma objeção que não pude resolver derrubaria todo um corpo de doutrina tão sólido, tão bem-encadeado e formado com tanta meditação e cuidado, tão bem-apropriado à minha razão, a meu coração, a todo meu ser, e reforçado pelo consentimento interior que sinto faltar a todos os outros? Não, vãs argumentações jamais destruirão a conformidade que percebo entre minha natureza imortal e a constituição deste mundo e a ordem física que nele vejo reinar. Encontro na ordem moral correspondente, cujo sistema é o resultado de minhas buscas, os apoios de que preciso para suportar as misérias de minha vida. Em qualquer outro sistema, viveria sem recursos e morreria sem esperança. Seria a mais infeliz das criaturas. Agarremo-nos, portanto, àquele que sozinho basta para me tornar feliz, apesar do destino e dos homens.

Essa reflexão e a conclusão que dela tirei não parecem ditadas pelo próprio céu para me preparar ao destino que me esperava e me colocar em condições de suportá-lo? O que me teria tornado, o que me tornaria ainda, nas angústias horríveis que me esperavam e na inacreditável situação a que estou reduzido para o resto de minha vida, se, sem refúgio onde pudesse escapar a meus implacáveis perseguidores, sem compensação aos opróbrios que eles me faziam sofrer neste mundo e sem esperança de jamais obter a justiça que me era devida, tivesse me visto entregue por inteiro ao mais horrível destino experimentado por qualquer mortal na face da terra? Enquanto eu, tranquilo em minha inocência, imaginava em relação a mim apenas estima e benevolência em meio aos homens; enquanto meu coração aberto e confiante se abria com amigos e irmãos, os traidores me enlaçavam em silêncio com redes forjadas nas profundezas do inferno. Surpreendido pelas mais imprevistas de todas as desgraças e as mais terríveis para uma alma nobre, arrastado na lama sem nunca saber por quem nem por quê, mergulhado num abismo de ignomínia, envolvido por horríveis trevas através das quais só percebia sinistros objetos, à primeira surpresa fui derrubado, e nunca teria me recuperado do abatimento em que me jogou esse tipo imprevisto de desgraças se não tivesse poupado forças com antecedência para me reerguer de minhas quedas.

Somente após anos de agitação, por fim recuperando meu ânimo e começando a voltar a mim mesmo, é que vi o valor dos recursos que preparara para a adversidade. Firme em todas as coisas que me importava julgar, vi, comparando meus preceitos à minha situação, que dava aos insensatos julgamentos dos homens e aos pequenos acontecimentos dessa curta vida muito mais importância do que eles tinham. Sendo essa vida apenas um estado de provação, importava pouco que essas provações fossem desse ou daquele tipo, conquanto resultassem no efeito a que foram destinadas e que, por isso, quanto mais as provações fossem grandes, fortes, múltiplas, mais vantajoso seria saber suportá-las. Todas as mais vivas penas perdem sua força para quem quer que veja uma compensação grande e segura; e a certeza dessa compensação era o principal fruto que eu tirara de minhas meditações precedentes.

É verdade que, em meio aos inúmeros ultrajes e às desmesuradas indignidades com que me sentia oprimido por todos os lados, intervalos de inquietude e de dúvidas vinham de tempos em tempos abalar minha esperança e perturbar minha tranquilidade. As poderosas objeções que não pudera resolver se apresentavam a meu espírito com mais força para terminar de me abater exatamente nos momentos em que, sobrecarregado com o peso de meu destino, estava prestes a ficar desencorajado. Muitas vezes, novos argumentos que queria fazer me voltavam à mente em apoio aos que antes me haviam atormentado. Ah!, dizia então com um aperto no coração prestes a me sufocar, quem me protegerá do desespero se no horror de meu destino só vejo quimeras nos consolos que me fornecia a razão? Se, destruindo assim sua própria obra, ela destrói todo o suporte de esperança e confiança que me havia proporcionado na adversidade? Que suporte é esse, de ilusões que só enganam a mim no mundo? Toda a presente geração só vê erros e preconceitos nos sentimentos com que sozinho me alimento; ela encontra a verdade, a evidência, no sistema contrário ao meu; ela parece inclusive não poder acreditar que o adoto de boa-fé e, me entregando a ele com toda vontade, encontro dificuldades intransponíveis que me são impossíveis de resolver e que não me impedem de persistir. Serei portanto o único sábio, o único esclarecido entre os mortais? Para acreditar que as coisas assim sejam, basta que elas me convenham? Posso ter uma clara confiança em aparências que nada têm de sólido aos olhos do resto dos homens e que até a mim pareceriam ilusórias se meu coração não sustentasse minha razão? Não teria sido melhor combater meus perseguidores com armas iguais, adotando seus preceitos, em vez de ficar com as quimeras dos meus, atormentado por seus ataques, sem agir para repeli-los? Julgo-me sábio e não passo de um tolo, vítima e mártir de um erro vão.

Quantas vezes, nesses momentos de dúvida e incerteza, estive a ponto de me entregar ao desespero! Se tivesse passado um mês inteiro nesse estado, minha vida e eu estaríamos feitos. Mas essas crises, apesar de outrora bastante frequentes, sempre foram curtas, e ainda que agora não esteja de todo livre, elas são tão raras e rápidas que não têm a mesma força para perturbar meu descanso. São leves inquietações que não afetam minha alma, assim como a pluma que cai no rio não pode alterar o curso da água. Senti que recolocar em questionamento os mesmos pontos sobre os quais me decidira previamente seria supor em mim novas luzes, ou um julgamento mais desenvolvido e mais zelo pela verdade do que tivera quando de minhas buscas. Como não estava nem podia estar em nenhum desses estados, não poderia preferir por motivo algum opiniões, que na agonia do desespero me tentavam apenas para aumentar minha miséria, a sentimentos adotados no vigor da idade e com plena maturidade de espírito, depois do mais refletido exame, num momento em que a tranquilidade de minha vida não me deixava outro interesse dominante que conhecer a verdade. Hoje que meu coração está constrito de aflição, minha alma abatida pelas dificuldades, minha imaginação intimidada, minha mente agitada pelos mistérios horríveis que me cercam; hoje que todas as minhas faculdades, enfraquecidas pela velhice e pelas angústias, perderam toda a sua força, abandonarei, sem mais nem menos, todos os recursos que consegui e darei mais confiança à minha razão em decadência, tornando-me injustamente infeliz, do que à minha razão plena e vigorosa para me livrar dos males que sofro sem merecer? Não, não sou nem mais sábio, nem melhor instruído, nem tenho melhor fé do que quando me decidi sobre essas grandes questões; não desconhecia na época as dificuldades pelas quais hoje me deixo perturbar; elas não me detiveram e, se aparecerem novas, que não havíamos previsto, serão sofismas de uma sutil metafísica que não poderão abalar as verdades eternas admitidas em todos os tempos, por todos os sábios, reconhecidas por todas as nações e gravadas no coração humano em caracteres indeléveis. Sabia, ao meditar sobre essas coisas, que o entendimento humano circunscrito pelos sentidos não as podia abarcar em toda a sua extensão. Eu me ative, portanto, àquilo que estava a meu alcance, sem entrar no que o ultrapassava. Essa decisão era sensata; adotei-a outrora e me ative a ela com o consentimento de meu coração e de minha razão. Baseado em que renunciaria a ela agora que tantos poderosos motivos me mantêm ligado a ela? Que perigo vejo em segui-la? Que proveito terei em abandoná-la? Ao seguir a doutrina de meus perseguidores, seguirei também sua moral? Essa moral sem raízes e sem frutos que exibem de maneira pomposa em livros ou em alguma proeza teatral, sem que nada jamais penetre no coração ou na razão; ou ainda essa outra moral secreta e cruel, doutrina interior de todos os seus iniciados, à qual a outra serve apenas de máscara, a única que seguem em sua conduta e que com tanta habilidade praticaram em relação a mim. Essa moral, puramente ofensiva, em nada serve à defesa e só é boa para a agressão. De que me serviria no estado a que me reduziram? Apenas minha inocência me sustenta nas infelicidades, e quão mais infeliz ficaria se me subtraindo esse único poderoso recurso o substituísse pela maldade? Se os alcançasse na arte de prejudicar, e quando o fizesse, de que mal me aliviaria algo que pudesse fazer-lhes? Eu perderia minha própria estima e nada ganharia no lugar.

Foi assim que, raciocinando comigo mesmo, consegui não mais me deixar abalar em meus princípios por argumentos capciosos, por objeções insolúveis e por dificuldades além do meu alcance e talvez até do espírito humano. O meu, mantendo-se no estado mais estável que eu pudera dar-lhe, acostumou-se tão bem a descansar protegido por minha consciência, que mais nenhuma doutrina externa, antiga ou nova, pode comovê-lo, nem perturbar por um instante meu descanso. Caído numa apatia e num entorpecimento de espírito, cheguei a esquecer os raciocínios que fundamentavam minha crença e meus princípios, mas nunca esquecerei as conclusões que obtive com a aprovação de minha consciência e de minha razão, e a isso me atenho desde então. Que venham todos os filósofos argumentar: perderão seu tempo e seu empenho. Pelo resto de minha vida me atenho, em qualquer assunto, ao que decidi quanto estive em melhores condições de escolher.

Tranquilo com essas resoluções, nelas encontro, com uma satisfação pessoal, a esperança e o reconforto de que preciso em minha situação. Não é possível que uma solidão tão completa, tão permanente, tão triste em si mesma, e a sempre visível e ativa animosidade de toda a geração atual, com as indignidades que o tempo todo me inflige, não me deixem abatido de vez em quando; com a esperança abalada, as dúvidas desanimadoras voltam de tempos em tempos para perturbar minha alma e enchê-la de tristeza. Nessas horas, incapacitado das faculdades do espírito necessárias para tranquilizar a mim mesmo, preciso lembrar de minhas antigas resoluções; os cuidados, a atenção, a sinceridade de coração que tive ao tomá-las voltam à minha lembrança e me devolvem toda confiança. Recuso assim todas as novas ideias como erros funestos que têm apenas uma falsa aparência e que só servem para perturbar meu descanso.

Assim retido na estreita esfera de meus antigos conhecimentos, não tenho, como Sólon, a felicidade de poder envelhecer aprendendo todos os dias e preciso inclusive me proteger do perigoso orgulho de querer aprender o que não estou mais em condições de poder saber. Contudo, se me restam poucas aquisições a esperar das luzes úteis, ainda me restam outras importantes a fazer no campo das virtudes necessárias a meu estado. Este seria o momento de enriquecer e ornamentar minha alma com bens que ela possa levar consigo quando, libertada desse corpo que a ofusca e cega, e vendo a verdade sem véus, perceberá a miséria de todos os conhecimentos de que nossos falsos sábios se orgulham tanto. Ela chorará pelos momentos perdidos nessa vida tentando adquiri-los. Mas a paciência, a doçura, a resignação, a integridade, a justiça imparcial são bens que levamos conosco e com os quais podemos nos enriquecer sempre, sem temer que a própria morte diminua nosso valor. É a este único e útil estudo que consagro o restante de minha velhice. Ficarei feliz se, com os progressos sobre mim mesmo, aprender a sair da vida, não melhor, pois isso não é possível, porém mais virtuoso do que nela entrei.

Quarta caminhada

Dos poucos livros que ainda leio de vez em quando, Plutarco é aquele que mais me atrai e beneficia. Foi a primeira leitura de minha infância, será a última de minha velhice; é quase que o único autor que nunca li sem ganhar algo. Anteontem, li em suas obras morais o tratado *Como tirar proveito de seus inimigos*. No mesmo dia, ao guardar algumas brochuras enviadas por autores, deparei com um dos jornais do abade Rosier, em cujo título ele colocara as seguintes palavras: *Vitam vero impendenti*, Rosier.[15] Bastante familiarizado com as expressões desses senhores para poder me enganar sobre esta, entendi que sob um ar de gentileza ele quisera fazer uma cruel ironia: mas baseado em quê? Por que o sarcasmo? Que motivo eu lhe teria dado? Para tirar proveito das lições do bom Plutarco, decidi utilizar a caminhada do dia seguinte para me questionar sobre a mentira e segui convicto de que o *Conhece-te a ti mesmo* do templo de Delfos não seria uma máxima tão fácil de seguir quanto acreditara em minhas *Confissões*.

No dia seguinte, a caminho para cumprir essa resolução, a primeira coisa que me veio à mente ao começar a concentrar-me foi uma mentira horrível contada em minha juventude, cuja lembrança me perturbou a vida inteira e vem, até em minha velhice, entristecer ainda mais meu

---

15. *Vitam vero impendenti* (àquele que dedica sua vida à verdade) é uma corruptela do lema que Rousseau dizia ter adotado para si, *Vitam impendere vero* (dedicar sua vida à verdade). Trata-se, na verdade, de uma citação de Juvenal. (N.T.)

coração já tão machucado.[16] Essa mentira, que em si mesma foi um grande crime, seria um maior ainda por suas consequências, que sempre ignorei, mas que o remorso me fez supor as mais cruéis possíveis. No entanto, considerando apenas meu estado de espírito quando a disse, essa mentira não passou de um fruto do pudor, e longe de ter a intenção de prejudicar aquela que foi sua vítima, posso jurar perante os céus que, no exato momento em que a invencível vergonha a provocou, eu teria dado com alegria todo o meu sangue para que suas consequências recaíssem apenas sobre mim. É um delírio que só posso explicar dizendo o quanto acredito sentir que naquele momento minha natural timidez subjugou todos os votos de meu coração.

A lembrança desse ato infeliz e os inextinguíveis remorsos que me deixou provocaram em mim um horror pela mentira que preservou meu coração desse vício para o resto de minha vida. Quando escolhi meu lema, sentia-me feito para merecê-lo e não duvidei que dele fosse digno quando comecei a me interrogar com mais seriedade devido às palavras do abade Rosier.

Então, examinando-me com mais cuidado, fiquei bastante surpreso com o número de coisas que eu mesmo inventara e que lembrava ter dito como verdadeiras, ao mesmo tempo em que, orgulhoso de meu amor pela verdade, sacrificava a ele minha confiança, meus interesses e minha pessoa com uma imparcialidade de que não conheço outro exemplo entre os homens.

O que mais me surpreendeu foi que, ao relembrar essas coisas inventadas, não senti nenhum arrependimento verdadeiro. Eu que tenho no coração um horror sem igual pela falsidade, que enfrentaria suplícios se fosse preciso mentir para evitá-los, por qual estranha inconsequência

---

16. O episódio, narrado nas *Confissões*, acontece quando Rousseau tem dezesseis anos e rouba uma fita. Quando descoberto, acusa uma empregada, chamada Marion. (N.T.)

mentia assim sem necessidade, com o coração alegre, sem proveito, e por qual inconcebível contradição não sentia o menor pesar, eu que por cinquenta anos fui acossado pelo remorso de uma mentira? Nunca fiquei indiferente a minhas faltas; o instinto moral sempre me conduziu de maneira correta, minha consciência manteve sua integridade original e, mesmo que ela tivesse se alterado ao se dobrar a meus interesses, como pode perder a retidão apenas em coisas sem importância, em que o vício não é desculpa, se a mantém nas ocasiões em que o homem dominado por suas paixões pode ao menos se desculpar por sua fraqueza? Vi que da solução desse problema dependia a exatidão do julgamento que devia fazer sobre mim mesmo e, depois de examiná-lo bem, eis como consegui explicá-lo.

Lembro-me de ter lido em um livro de filosofia que mentir é esconder uma verdade que devemos revelar. Decorre dessa definição que calar uma verdade que não somos obrigados a dizer não é mentir. Mas aquele que, em semelhante caso, não contente em não dizer a verdade, ainda diz o contrário, está mentindo ou não? Segundo a definição, não poderíamos dizer que mente, pois, se dá dinheiro falso a um homem a quem nada deve, sem dúvida engana esse homem, mas não o rouba.

Surgem aqui duas questões a serem examinadas, ambas muito importantes. A primeira, quando e como devemos a alguém a verdade, visto que nem sempre a devemos. A segunda, se existem casos em que podemos enganar sem querer. Essa segunda questão já está resolvida, sei muito bem; de maneira negativa nos livros, em que a moral mais austera nada custa ao autor, de maneira afirmativa na sociedade, em que a moral dos livros é considerada um palavrório impossível de ser colocado em prática. Deixo, portanto, essas autoridades que se contradizem e busco por meus próprios princípios resolver tais questões.

A verdade geral e abstrata é o mais precioso de todos os bens. Sem ela, o homem é cego; ela é o olho da razão. É através dela que o homem aprende a se portar, a ser o que deve ser, a fazer o que deve fazer, a rumar para o seu verdadeiro fim. A verdade particular e individual nem sempre é um bem, às vezes é um mal, muitas vezes uma coisa indiferente. As coisas importantes para um homem saber e cujo conhecimento é necessário para sua felicidade não são talvez muito numerosas; contudo, seja qual for esse número, elas são um bem que lhe pertence, que ele tem o direito de reivindicar onde quer que o encontre e do qual não podemos privá-lo sem cometer o mais injusto de todos os roubos, pois é um desses bens comuns a todos, cuja transmissão não priva aquele que o dá.

Quanto às verdades sem nenhum tipo de utilidade, seja para o ensino, seja para a prática, como seriam um bem devido se não são nem mesmo um bem? E se a propriedade está baseada apenas na utilidade, onde não há utilidade possível, não pode haver propriedade. Podemos reclamar um terreno estéril porque podemos pelo menos morar sobre ele: mas que um fato inútil, indiferente a todos e sem consequências para ninguém, seja verdadeiro ou falso, não interessa a quem quer que seja. Na ordem moral, nada é inútil, tampouco na ordem física. Nada pode ser devido daquilo que não serve para nada; para que uma coisa seja devida, é preciso que ela seja ou possa ser útil. Assim, a verdade devida é aquela que interessa à justiça, e o sagrado nome da verdade é profanado se usado às coisas vãs cuja existência é indiferente a todos e cujo conhecimento é inútil a tudo. Apesar de possível, a verdade despojada de qualquer tipo de utilidade não pode, portanto, ser uma coisa devida, e, por isso, aquele que a cala ou mascara não mente.

Mas se existem verdades tão perfeitamente estéreis, que sejam em todos os aspectos inúteis a tudo, é outro tópico a discutir e ao qual voltarei mais adiante. No momento, passemos à segunda questão.

Não dizer o que é verdadeiro e dizer o que é falso são duas coisas muito diferentes, que no entanto podem resultar nos mesmos efeitos, pois esse resultado com certeza é o mesmo todas as vezes em que esse efeito for nulo. Onde quer que a verdade seja indiferente, o erro contrário será indiferente também; donde se conclui que, em semelhantes casos, aquele que engana dizendo o contrário da verdade não é mais injusto do que aquele que engana não a declarando, uma vez que, em matéria de verdades inúteis, o erro não é pior que a ignorância. Acreditar que a areia no fundo do mar seja branca ou vermelha não é mais importante do que ignorar de que cor ela é. Como podemos ser injustos quando não prejudicamos ninguém, visto que a injustiça consiste apenas no mal feito a outrem?

Mas essas questões assim resolvidas de maneira sumária ainda não poderiam fornecer-me uma aplicação segura para a prática sem os vários esclarecimentos prévios necessários para fazer com exatidão essa aplicação a todos os casos que poderiam surgir. Se a obrigação de dizer a verdade está baseada apenas em sua utilidade, como me fazer juiz dessa utilidade? Com muita frequência, a vantagem de um constitui o prejuízo do outro, o interesse particular quase sempre está em oposição ao interesse público. Como proceder em semelhante caso? Será preciso sacrificar a utilidade do ausente à da pessoa a quem falamos? Será preciso calar ou dizer a verdade que, vantajosa para um, prejudica o outro? Será preciso pesar tudo o que dizemos apenas na balança do bem público ou na da justiça distributiva, e estaremos seguros de conhecer o suficiente todas as correlações do fato para dispensarmos, baseados apenas nas regras da equidade, as luzes de que dispomos? Além disso, ao examinarmos o que devemos aos outros, examinamos o suficiente o que devemos a nós mesmos, o que devemos à verdade em si? Se não causo mal algum a outra pessoa enganando-a, decorre que não o causo a mim mesmo, e será suficiente nunca ser injusto para sempre ser inocente?

Quantas discussões complicadas, de que seria fácil livrar-se dizendo: sejamos sempre verdadeiros, mesmo com todos os riscos. A justiça está na verdade das coisas; a mentira é sempre iniquidade, e o erro é sempre impostura quando provocamos algo que não segue a regra do que devemos fazer ou crer: e seja qual for o efeito resultante da verdade, sempre somos inocentes quando a dissemos, pois nada acrescentamos de nosso.

Mas isso é pôr fim à questão sem resolvê-la. Não se tratava de decidir se seria bom sempre dizer a verdade, mas se também estamos sempre obrigados a fazer isso; e quanto à definição que examinei, supondo que não, tratava-se de distinguir os casos em que a verdade é rigorosamente devida dos que podemos calá-la sem injustiça e disfarçá-la sem mentira: pois descobri que casos assim de fato existiam. Trata-se, portanto, de buscar uma regra segura para conhecer e determinar tais casos de maneira correta.

Mas de onde tirar essa regra e a prova de sua infalibilidade?... Em todas as questões de moral difícil como essa, sempre consegui resolvê-las mais pelos ditames de minha consciência do que pelas luzes de minha razão. O instinto moral nunca me enganou: até agora manteve sua pureza em meu coração o suficiente para que eu possa me entregar a ele e, se algumas vezes em minha conduta ele se cala diante de minhas paixões, recupera seu domínio sobre elas em minhas lembranças. É nelas que julgo a mim mesmo com tanta severidade quanto serei julgado, talvez, pelo juiz soberano depois desta vida.

Julgar as palavras dos homens pelos efeitos que produzem é, muitas vezes, avaliá-las mal. Além de esses efeitos nem sempre serem perceptíveis e fáceis de conhecer, eles variam ao infinito, como as circunstâncias nas quais essas palavras são ditas. Mas é apenas a intenção daquele que fala que as avalia e que determina seu grau de malícia ou de bondade. Dizer uma falsidade é mentir apenas pela intenção de enganar, e a própria intenção de enganar, longe de estar sempre ligada à de prejudicar, às vezes tem um objetivo totalmente oposto. No entanto, para tornar inocente uma mentira, não é suficiente que a intenção de prejudicar não seja expressa; é preciso, além disso, a certeza de que o erro em que lançamos aqueles a quem falamos não pode prejudicar nem a eles nem a ninguém de maneira alguma. É raro e difícil poder ter essa certeza; também é difícil e raro que uma mentira seja de todo inocente. Mentir para vantagem pessoal é impostura, mentir para vantagem de outra pessoa é fraude, mentir para prejudicar é calúnia – a pior espécie de mentira. Mentir sem proveito ou prejuízo para si ou para outrem não é mentir: não é mentira, é ficção.

As ficções que têm um tema moral chamam-se apólogos ou fábulas e, como seu objeto apenas é ou deve ser conter verdades úteis sob formas perceptíveis e agradáveis, em tais casos pouco nos preocupamos em esconder de fato a mentira, que é apenas a aparência da verdade, e de modo algum mente aquele que conta uma fábula apenas por contar.

Existem outras ficções em tudo estéreis, como a maior parte dos contos e romances que, não contendo nenhum verdadeiro aprendizado, têm por objetivo apenas o divertimento. Essas, desprovidas de qualquer utilidade moral, só podem ser avaliadas pela intenção daquele que as inventa, e quando as conta com convicção, como verdades reais, não podemos negar que se trata de verdadeiras mentiras. No entanto, quem alguma vez teve escrúpulos com essas mentiras e quem alguma vez fez uma censura grave àqueles que as contam? Se existe, por exemplo, algum objetivo moral em *O templo de Gnide*[17], esse objetivo é ofuscado e alterado por detalhes voluptuosos e imagens lascivas. O que fez o autor

---

17. Obra de Montesquieu, um poema em prosa de caráter licencioso publicado em 1725. (N.T.)

para cobri-los com um verniz de decência? Simulou que sua obra era a tradução de um manuscrito grego e inventou a história da descoberta desse manuscrito de maneira a persuadir seus leitores da verdade de seu relato. Se essa não é uma mentira bastante positiva, então me digam o que é mentir. Mas quem pensou em considerar essa mentira um crime do autor chamando-o por isso de impostor?

Em vão se dirá que isso não passa de uma brincadeira, que o autor, apesar de afirmá-lo, não queria convencer ninguém, que de fato não convenceu ninguém e que o público não duvidou em momento algum que ele mesmo fosse o autor da pretensa obra grega da qual se apresentava como tradutor. Responderei que semelhante brincadeira sem propósito não passou de uma infantilidade bastante tola, que um mentiroso não mente menos quando afirma algo que não convence ninguém, que é preciso separar do público instruído uma grande massa de leitores simples e crédulos a quem a história do manuscrito narrado por um autor solene com ar sincero de fato enganou e que beberam sem medo de uma taça em formato antigo o veneno de que teriam ao menos desconfiado se fosse apresentado num recipiente moderno.

Quer se encontrem ou não nos livros, essas distinções não deixam de ser feitas no coração de todo homem sincero consigo mesmo, que não se permite algo de que sua consciência possa censurá-lo. Pois dizer algo falso para sua própria vantagem não é mentir menos que dizê-lo em prejuízo de alguém, ainda que a mentira seja menos criminosa. Dar vantagem a quem não deve recebê-la é perturbar a ordem e a justiça; atribuir falsamente a si mesmo ou a outrem um ato que pode resultar em louvor ou censura, acusação ou perdão, é fazer algo injusto; tudo o que, contrário à verdade, fere a justiça de qualquer maneira é uma mentira. Eis o limite exato: tudo o que, contrário à verdade, em nada diz respeito à justiça, não passa de ficção, e confesso que quem quer que acuse uma simples ficção de mentira tem a consciência mais delicada que a minha.

As chamadas mentiras úteis são verdadeiras mentiras, pois enganar para vantagem própria ou de outrem não é menos injusto que enganar para prejudicar. Quem quer que louve ou censure a verdade mente, desde que se trate de uma pessoa real. Um ser imaginário pode dizer tudo o que quiser sem mentir, desde que não julgue a moralidade dos fatos que inventa e não julgue com falsidade: se não mente quanto ao fato, mente contra a verdade moral, cem vezes mais respeitável que a dos fatos.

Conheci pessoas que, na sociedade, chamamos de verdadeiras. Toda a sua veracidade se esgota em conversas inúteis, citando de maneira fiel os lugares, as datas, as pessoas, não se permitindo nenhuma ficção, não acrescentando nenhuma circunstância, nada exagerando. Em tudo o que não diz respeito a seu benefício, manifestam, em suas narrações, a mais inviolável fidelidade. Mas para tratar de algum assunto relacionado a si mesmas, para narrar algum fato que as toca de perto, utilizam todos os subterfúgios para apresentar as coisas sob o ângulo que lhes for mais favorável e, se a mentira lhes é útil mas não for dita por elas mesmas, a favorecem com habilidade e de tal forma que é adotada sem poder ser-lhes imputada. Assim o quer a prudência: adeus à veracidade.

O homem que chamo de *verdadeiro* faz exatamente o contrário. Em coisas de todo sem importância, a verdade que o outro tanto respeita o toca muito pouco, e ele terá pouco escrúpulo em divertir uma companhia com fatos inventados dos quais não resulta nenhum julgamento injusto, nem contra nem a favor de quem quer que seja, vivo ou morto. Mas todo discurso que produza a alguém proveito ou dano, estima ou desprezo, louvor ou censura à justiça e à verdade, é uma mentira que jamais chegará perto de seu coração, nem de sua boca ou de sua pena. Ele é *verdadeiro* com firmeza, mesmo contra seus interesses, apesar de pouco poder orgulhar-se de sê-lo nas conversas inúteis. Ele é *verdadeiro* na medida em que não procura enganar ninguém, é tão fiel à verdade que o acusa quanto à que o honra e nunca engana para se beneficiar ou para prejudicar seu inimigo. A diferença que existe, portanto, entre o meu homem *verdadeiro* e o da sociedade é que este é rigorosamente fiel a toda verdade que nada lhe custe, mas não além dela, e o meu nunca a serve com tanta fidelidade como quando precisa se sacrificar por ela.

Mas, perguntarão, como conciliar esse abandono com o ardente amor pela verdade com que o glorifico? Esse amor é falso, visto que permite tanta combinação? Não, ele é puro e verdadeiro, mas é apenas uma emanação do amor pela justiça, e nunca quer ser falso, apesar de muitas vezes fictício. Justiça e verdade são para ele sinônimos, podendo ser tomados um pelo outro, sem distinções. A santa verdade que seu coração adora não consiste em fatos indiferentes e nomes inúteis, mas em atribuir com fidelidade a cada um o que lhe é devido nas coisas que de verdade são suas, imputações boas ou ruins, retribuições de honra ou censura, de louvor ou repreensão. Ele não é falso com os demais, porque sua equidade não o permite e porque ele não quer prejudicar alguém injustamente, nem consigo mesmo, porque sua consciência não o permite e porque ele não conseguiria atribuir-se o que não é seu. É sobretudo à sua reputação que ele se apega; é o bem de que menos poderia se abster e sentiria uma grande perda em obter a dos outros à custa desse bem. Ele mentirá, portanto, algumas vezes em coisas indiferentes, sem escrúpulos e sem achar que mente, nunca para dano ou proveito de outrem nem de si mesmo. Em tudo o que diz respeito às verdades históricas, em tudo o que se refere à conduta dos homens, à justiça, à sociabilidade, às luzes úteis, ele defenderá do erro, tanto quanto depender dele, a si mesmo e aos outros. Qualquer mentira para além disso, segundo ele, não é mentira. Se

O templo de Gnide é uma obra útil, a história do manuscrito grego não passa de uma ficção bastante inocente; seria uma mentira punível se a obra fosse perigosa.

Tais foram minhas regras de consciência sobre a mentira e a verdade. Meu coração seguia maquinalmente essas regras antes que minha razão as adotasse, e o instinto moral sozinho as aplicava. A mentira criminosa de que a pobre Marion foi vítima deixou-me indeléveis remorsos, que não apenas preservaram o resto de minha vida desse tipo de mentira como de todas as que, de alguma maneira, pudessem atingir o interesse e a reputação dos outros. Assim generalizando a exclusão, eu me eximi de determinar com exatidão a vantagem e o prejuízo, de marcar os limites precisos entre a mentira nociva e a mentira útil; ao considerar ambas condenáveis, proibi-me das duas.

Nisso, como em todo o resto, meu temperamento influenciou bastante meus princípios, ou melhor, meus hábitos; pouco agi segundo regras ou pouco segui regras que não meus impulsos naturais. Nunca uma mentira premeditada se aproximou de meu pensamento, nunca menti por interesse próprio, mas muitas vezes menti por vergonha, para me livrar de obstáculos em coisas que não tinham importância ou que só interessavam a mim mesmo, quando numa conversa a lentidão de minhas ideias e a aridez de minha fala me obrigavam a recorrer às ficções para ter algo a dizer. Quando é absolutamente necessário falar e verdades divertidas não se apresentam a meu espírito rápido o suficiente, conto fábulas para não ficar calado; porém, ao inventar essas fábulas, tenho o máximo de cuidado para que não sejam mentiras, isto é, para que não firam nem a justiça nem a verdade devida e para que não passem de ficções indiferentes a todos e a mim. Nelas, meu desejo seria pelo menos substituir a verdade dos fatos por uma verdade moral; quer dizer, representar de maneira adequada os afetos naturais ao coração humano e sempre realçar algum aprendizado útil; em suma, fazer contos morais, apólogos. No entanto, seria preciso mais presença de espírito do que tenho e mais facilidade com as palavras para saber aproveitar para o ensino o palavrório de uma conversação. Sua velocidade, mais rápida que a de minhas ideias, quase sempre me obrigando a falar antes de pensar, muitas vezes me sugeriu bobagens e tolices que minha razão desaprovava e meu coração renegava assim que saíam de minha boca, mas que, precedendo meu próprio julgamento, não podiam mais ser corrigidas por sua censura.

É ainda devido a esse primeiro e irresistível impulso de meu temperamento que em rápidos e imprevistos momentos a vergonha e a timidez muitas vezes me arrancam mentiras às quais minha vontade não participa, mas que a precedem de alguma maneira pela necessidade de responder na hora. A impressão profunda da lembrança da pobre Marion pode muito bem impedir para sempre as mentiras que poderiam ser prejudiciais a outros, mas não as que podem servir para me tirar de dificuldades quando se trata apenas de mim, o que não vai menos contra minha consciência e meus princípios do que aquelas que podem influenciar o destino de outrem.

Tomo o céu como testemunha de que se eu pudesse, na hora, retirar a mentira que me absolve e dizer a verdade que me acusa sem me humilhar de novo ao retratar-me, o faria de todo coração; contudo, a vergonha de pegar a mim mesmo em falta ainda me detém, e me arrependo com toda sinceridade de minha falta, sem no entanto ousar repará-la. Um exemplo explicará melhor o que quero dizer e mostrará que não minto nem por interesse nem por amor-próprio, ainda menos por inveja ou maldade, mas apenas por constrangimento e pudor, sabendo muito bem, inclusive, que algumas vezes a mentira é conhecida como tal e não pode servir para nada.

Há algum tempo, o senhor Foulquier me exortou, contra meu costume, a ir almoçar, levando minha mulher, com ele e seu amigo Benoit a um piquenique na casa da senhora Vacassin, dona de um restaurante, que com suas filhas também comeu conosco. No meio do almoço, a mais velha, que é casada e estava grávida, teve a ousadia de me perguntar de repente, com o olhar fixo em mim, se eu tinha tido filhos. Respondi, corando até os olhos, que não tivera essa felicidade. Ela sorriu com maldade, olhando em volta: nada daquilo era ambíguo, nem mesmo para mim.

Fique claro, primeiro, que essa resposta não é a que eu gostaria de ter dado, mesmo se tivesse tido a intenção de enganar, pois o estado de espírito que via naquela que me fazia a pergunta me deixava certo de que minha negativa em nada mudaria sua opinião nesse ponto. A negativa era esperada e foi inclusive provocada pelo prazer de me fazer mentir. Não era tolo a ponto de não perceber isso. Dois minutos depois, a resposta que deveria ter dado me ocorreu: *Eis uma pergunta pouco discreta da parte de uma jovem senhora a um homem que envelheceu solteiro.* Falando assim, sem mentir, sem ter que corar devido a alguma confissão, teria os risos a meu lado e lhe daria uma pequena lição que ao natural deveria torná-la um pouco menos impertinente ao me interrogar. Não fiz nada disso, não disse nada do que deveria ter dito, disse o que não devia e que não me serviria de nada. No entanto, é certo que nem meu julgamento nem minha vontade ditaram minha resposta e que ela foi o efeito maquinal de meu embaraço. Outrora, não tinha esse embaraço e confessava minhas faltas com mais franqueza do que vergonha, pois não imaginava que não vissem aquilo que as reparava e que sentia dentro de mim, mas o olho da maldade me entristece e me desconcerta; ao me tornar mais infeliz, eu me tornei mais tímido, e sempre menti apenas por timidez.

Nunca senti melhor minha natural aversão pela mentira do que ao escrever minhas *Confissões*, pois ali as tentações teriam sido frequentes e fortes se minha inclinação me levasse um pouco para esse lado. Mas longe de não calar, de não dissimular o que fosse de minha responsabilidade, por uma maneira de ver as coisas que tenho dificuldade em explicar e que talvez venha de uma aversão pela imitação, sentia-me levado a mentir no sentido contrário, antes me acusando com severidade demais do que me desculpando com indulgência demais – e minha consciência me garante que um dia serei julgado com menos severidade do que o fui por mim mesmo. Sim, digo e sinto isso com uma nobre grandeza de alma, levei nessa obra a boa-fé, a veracidade e a franqueza tão longe, inclusive acredito que mais longe quanto nenhum homem jamais levou; sentindo que o bem excedia o mal, tinha interesse em dizer tudo, e tudo disse.

Nunca contei a menos, algumas vezes contei a mais, não nos fatos, mas nas circunstâncias, e esse tipo de mentira foi antes o efeito do delírio da imaginação do que um ato da vontade. Cometo um erro, inclusive, ao chamar isso de mentira, pois nenhum desses acréscimos foi uma mentira. Escrevi minhas *Confissões* já velho e afastado dos vãos prazeres da vida, que conhecera e cujo vazio meu coração sentira. Fiz isso de memória; e essa memória muitas vezes falhava ou me trazia lembranças imperfeitas, cujas lacunas preenchia com detalhes imaginados, como complementos a essas lembranças, mas que nunca se opunham a elas. Gostava de me demorar nos momentos felizes de minha vida e algumas vezes os enriqueci com adornos gerados por ternas saudades. Dizia as coisas que esquecera como me parecia que deveriam ter sido, como talvez poderiam ter sido de fato, nunca contrárias ao que lembrava terem sido. Emprestava, às vezes, à verdade encantos estrangeiros, mas nunca usei uma mentira para dissimular meus vícios ou para me atribuir virtudes.

Se algumas vezes, sem querer, por um movimento involuntário, escondi o lado ruim me retratando apenas de perfil, essas omissões foram compensadas por outras mais estranhas, que muitas vezes me fizeram calar o bem com mais zelo que o mal. Essa é uma singularidade natural minha na qual é compreensível que os homens não acreditem, mas que por mais inacreditável que seja, não é menos real: muitas vezes mostrei o mal em toda a sua torpeza, raras vezes mostrei o bem em tudo o que teve de agradável, e muitas vezes o calei porque me honrava demais e, escrevendo minhas *Confissões*, daria a impressão de escrever meu elogio. Descrevi meus anos de juventude sem me vangloriar das boas qualidades de que meu coração era dotado e inclusive suprimindo os fatos que as colocavam em evidência demais. Lembro-me agora de dois fatos de minha infância que vieram à minha mente ao escrever, mas que foram ambos rejeitados pela razão que acabo de explicar.

Eu ia quase todos os domingos passar o dia em Le Pâquis[18] na casa do senhor Fazy, que casara com uma de minhas tias e tinha ali uma fábrica de chitas indianas. Um dia eu estava no estendedor, na sala da calandra[19], e olhava os cilindros de metal fundido: seu brilho me deleitava os olhos, fiquei tentado a neles colocar meus dedos e os passeava com prazer na parte lustrosa do cilindro quando o jovem Fazy, entrando na roda, girou-a um oitavo de volta com tal habilidade que fez com que só tocasse a extremidade de meus dois dedos mais longos; mas foi o suficiente para esmagá-los nas pontas e para que as unhas fossem arrancadas. Soltei um grito estridente, Fazy voltou a roda, mas as unhas ficaram no cilindro e o sangue corria dos meus dedos. Fazy, consternado, gritou, saiu da roda, me abraçou e implorou que eu parasse de gritar, acrescentando que estava perdido. No auge de minha dor, a sua me tocou, calei-me e fomos ao reservatório de água, onde me ajudou a lavar os dedos e a estancar o sangue com musgo. Ele me

---

18. Bairro de Genebra. (N.T.)

19. Máquina para prensar e lustrar os tecidos nas fábricas de chitas indianas. (N.T.)

suplicou entre lágrimas que não o acusasse; prometi que não o faria e mantive minha palavra tão bem que mais de vinte anos depois ninguém sabia por qual aventura eu tinha dois dedos com cicatrizes, pois ainda as tenho. Fiquei de cama por mais de três semanas e fiquei mais de dois meses sem poder usar a mão, sempre afirmando que uma grande pedra, ao cair, me esmagara os dedos.

> *Magnanima menzôgna! or quando è il vero*
> *Si bello che si possa a te preporre?*[20]

Esse acidente, no entanto, dadas as circunstâncias, me foi bastante penoso, pois era o período de treinamentos, quando a burguesia fazia manobras. Eu formara uma fileira com três crianças da minha idade, e uniformizados devíamos realizar exercícios com a companhia de meu bairro. Tive o desgosto de ouvir o tambor da companhia passando sob minha janela com meus três camaradas, enquanto estava de cama.

Minha outra história é bastante parecida, mas ocorreu em uma idade mais avançada.

Eu jogava malho no Plainpalais[21] com um de meus camaradas chamado Pleince. Brigamos sobre o jogo, lutamos, e durante o combate ele bateu com o malho em minha cabeça descoberta de maneira tão certeira que uma mão mais forte teria feito saltar os miolos. Caí na hora. Nunca vi em minha vida uma agitação igual à do pobre menino ao ver o sangue escorrendo por meus cabelos. Pensou ter me matado. Ele se precipitou sobre mim, me abraçou e apertou com força, caindo em prantos e soltando gritos estridentes. Eu também o abraçava com toda força, chorando como ele em uma emoção confusa que não deixava de ter alguma

---

20. Excerto do *Jerusalém libertada*, de Torquato Tasso: "Magnânima mentira! Quando a verdade é tão bela que possa ser preferível a ti?". (N.T.)

21. Bairro de Genebra. (N.T.)

doçura. Por fim, ele se dedicou a estancar meu sangue que continuava a escorrer e, ao ver que nossos lenços não eram suficientes, me arrastou até a casa de sua mãe, que tinha um pequeno jardim ali perto. A boa senhora quase desmaiou ao me ver naquele estado. Porém, soube guardar forças para me tratar e, depois de lavar bem minha ferida, aplicou nela flores-de-lis maceradas em aguardente, medicamento excelente e muito utilizado em nosso país. Suas lágrimas e as de seu filho penetraram em meu coração a ponto de eu a considerar por muito tempo como minha mãe e seu filho como meu irmão, até que, perdendo os dois de vista, pouco a pouco os esqueci.

Guardei o mesmo segredo sobre esse acidente que sobre o outro – e me aconteceram cem outros de igual natureza em minha vida, sobre os quais nem mesmo fiquei tentado a falar em minhas *Confissões*, tão pouco buscava uma maneira de valorizar o bem que percebia em meu caráter. Não, quando falei contra a verdade que conhecia, foi apenas em coisas sem importância, e mais pelo embaraço de falar ou pelo prazer de escrever do que por algum outro motivo de interesse para mim ou para vantagem ou prejuízo de alguém. E quem ler minhas *Confissões* de modo imparcial, se um dia isso acontecer, sentirá que as revelações que ali faço são mais humilhantes e mais penosas do que as revelações sobre um mal maior mas menos vergonhoso, que não disse porque não o fiz.

Decorre de todas essas reflexões que a declaração de veracidade que fiz a mim mesmo se baseia mais em sentimentos de retidão e equidade do que na realidade das coisas, e que na prática segui mais os comandos morais de minha consciência do que as noções abstratas de verdadeiro e falso. Muitas vezes contei fabulações, mas raríssimas vezes menti. Ao seguir esses princípios, muito me expus a críticas, mas nunca fiz mal a quem quer que fosse e nunca me atribuí mais vantagens do que me eram devidas. Apenas assim, me parece, a verdade é uma virtude. De qualquer outra forma ela é para nós apenas um ser metafísico que não produz nem o bem nem o mal.

Não sinto, porém, meu coração feliz o suficiente com essas distinções para considerar que sou de todo irrepreensível. Ao pesar com tanto cuidado aquilo que devia aos outros, será que examinei o suficiente aquilo que devia a mim mesmo? Se é preciso ser justo com o próximo, é preciso ser verdadeiro consigo mesmo; é uma homenagem que o homem honesto precisa render à sua própria dignidade. Quando a esterilidade de minha conversa me forçava a preenchê-la com inocentes ficções, eu errava, pois não devemos rebaixar-nos para divertir o outro; e quando, levado pelo prazer de escrever, acrescentava a coisas reais ornamentos inventados, eu errava mais ainda, pois ornar a verdade com fábulas é na verdade desfigurá-la.

Mas o que me tornava mais imperdoável era o lema que escolhera. Esse lema me obrigava, mais que a qualquer outro homem, a um enunciado mais exato da verdade; não sendo suficiente que eu lhe sacrificasse em tudo o meu interesse e as minhas simpatias, era preciso sacrificar-lhe também minha fraqueza e minha natureza tímida. Era preciso ter a coragem e a força de ser sempre verdadeiro, em todas as ocasiões, e que nunca saísse ficção ou fábula de uma boca e de uma pluma que haviam se dedicado de maneira especial à verdade. Isso é o que deveria ter pensado ao assumir esse orgulhoso lema e repetido sem parar enquanto ousasse usá-lo. Nunca a falsidade ditou minhas mentiras, todas vieram da fraqueza, mas isso me desculpa muito pouco. Com uma alma fraca, podemos no máximo nos proteger do vício; é ser arrogante e temerário ousar professar grandes virtudes.

Essas reflexões talvez jamais tivessem me ocorrido se o abade Rosier não as tivesse sugerido. É bastante tarde, sem dúvida, para fazer uso delas; mas ao menos não é tarde demais para corrigir meu erro e reconduzir minha vontade para a regra: pois de agora em diante esta é a única coisa que depende de mim. Nisso e em todas as coisas semelhantes, a máxima de Sólon vale para todas as idades, e nunca é tarde demais para aprender, inclusive com seus inimigos, a ser sensato, sincero, modesto, e a presumir menos de si mesmo.

Quinta caminhada

De todas as casas em que morei (e algumas foram encantadoras), nenhuma me deixou tão genuinamente feliz e deixou tão boas lembranças quanto a Ilha de Saint-Pierre, no meio do lago de Bienna. Essa pequena ilha, que em Neuchâtel chamam de Ilha de La Motte, é muito pouco conhecida, inclusive na Suíça. Nenhum viajante, que eu saiba, a menciona. No entanto, é muito agradável e de localização singular para a felicidade de um homem que gosta de se circunscrever; apesar de talvez ser o único no mundo cujo destino fez disso uma lei, não posso acreditar ser o único a ter um gosto tão natural, embora até o momento não o tenha encontrado em mais ninguém.

As margens do lago de Bienna são mais selvagens e românticas que as do lago de Genebra, pois as rochas e as árvores seguem a água mais de perto, mas não são menos agradáveis. Apesar de haver menos campos cultivados e vinhas, menos cidades e casas, há também mais vegetação natural, mais pradarias, abrigos de arvoredos sombreados, contrastes mais frequentes e acidentes de terreno mais seguidos. Como não existem nessas felizes paragens grandes e cômodas estradas para veículos, a região é pouco frequentada por viajantes, mas como é interessante – para os solitários contemplativos que gostam de se embriagar à vontade com os encantos da natureza e se recolher num silêncio não perturbado por outro barulho que o grito das águias – o gorjeio entrecortado de algumas aves e o rumor das águas que caem da montanha! Essa bela bacia quase circular encerra em seu centro duas pequenas ilhas: uma habitada e cultivada, com cerca de meia légua de circunferência; a outra menor, deserta e inculta, que no fim será destruída pela constante retirada e transporte de terra para reparar os danos que as ondas e as tempestades causam na maior. É assim que a substância do fraco é sempre empregada em proveito do forte.

Existe na ilha uma única casa, porém grande, agradável e cômoda, que pertence ao hospital de Berna, como a ilha, e onde mora um recebedor[22] com sua família e empregados. Ele ali mantém um grande galinheiro, um viveiro de pássaros e reservatórios de peixes. A ilha em sua pequenez é tão variada em terrenos e aspectos que oferece todos os tipos de paisagens e abriga todos os tipos de culturas. Nela encontramos campos, vinhas, matas, pomares, abundantes pastagens sombreadas por pequenos bosques e cercadas por arbustos de todas as espécies refrescados pelas margens das águas; um alto terraço plantado com duas fileiras de árvores costeia a ilha no sentido longitudinal, e no meio desse terraço foi construído um bonito salão onde os moradores das margens vizinhas se reúnem e vêm dançar aos domingos durante a vindima.

Foi nessa ilha que me refugiei depois da lapidação de Môtiers.[23] Achei a estadia tão agradável, levei uma vida tão apropriada a meu humor que, decidido a ali terminar meus dias, não tinha outra inquietação que a de não me deixarem executar esse projeto, que não se conciliava com o de me enviarem para a Inglaterra, cujos primeiros sinais começava a sentir. Nos pressentimentos que me inquietavam, teria preferido que tivessem feito desse refúgio uma prisão

---

22. Funcionário encarregado de receber receitas públicas ou privadas. (N.T.)

23. Aldeia da comuna suíça de Neuchâtel, onde Rousseau se refugiou em 1762 ao ser considerado indesejável no território de Berna. Depois de um sermão do pastor de Môtiers, que via em Rousseau a figura do Anticristo, sua casa foi apedrejada. (N.T.)

perpétua, que ali me confinassem por toda a minha vida e, que ao me retiraram qualquer poder e esperança de sair, me tivessem interditado qualquer tipo de comunicação com a terra firme, de modo que, ignorando tudo o que se passava no mundo, eu esquecesse sua existência e esquecessem a minha também.

Apenas me deixaram passar dois meses na ilha, mas eu teria ficado dois anos, dois séculos e toda a eternidade sem me aborrecer por um instante sequer, apesar de não ter, além de minha mulher, outra companhia que a do recebedor, sua mulher e seus empregados, que na verdade eram pessoas muito boas, e apenas isso, mas era bem o que eu precisava. Considero aqueles dois meses o momento mais feliz de minha vida, tão feliz que foi suficiente para toda a minha existência, sem deixar nascer uma única vez em minha alma o desejo de outro estado.

Que felicidade era essa e no que consistia seu deleite? Deixarei que todos os homens do século a adivinhem através da descrição da vida eu levava. O precioso *far niente* foi o primeiro e principal desses deleites que quis saborear em toda a sua doçura, e tudo o que fiz durante minha estadia não passou, na verdade, da ocupação deliciosa e necessária de um homem que se dedicou ao ócio.

A esperança de que me deixassem nesse lugar isolado onde prendera a mim mesmo, de onde me era impossível sair sem ajuda e sem ser percebido, onde só podia me comunicar e corresponder com o auxílio das pessoas que me cercavam, essa esperança, digo, me trazia a de encerrar meus dias com mais tranquilidade do que os havia passado, e a ideia de que teria tempo para me instalar à vontade fez com que não tomasse nenhuma providência. Levado para lá de maneira brusca, só e despojado, acabei levando aos poucos minha governanta[24], meus livros e minhas poucas

---

24. Sua mulher, Thérèse Levasseur. (N.T.)

bagagens, que tive o prazer de não desempacotar, deixando minhas caixas e malas como haviam chegado e vivendo na casa onde pretendia acabar meus dias como em um albergue de onde devesse partir na manhã seguinte. As coisas como estavam iam tão bem que querer arrumá-las melhor seria estragar alguma coisa. Uma de minhas maiores delícias era deixar meus livros sempre bem-encaixotados e não ter material para escrever. Quando malfadadas cartas me obrigavam a pegar a pluma para responder, pedia emprestado, murmurando, o material do recebedor e me apressava em devolvê-lo na vã esperança de não mais ter que voltar a pedi-lo. Em vez dessas tristes papeladas e de toda essa livralhada, enchia meu quarto com flores e feno, pois estava, na época, em meu primeiro fervor de botânica, para a qual o doutor d'Ivernois[25] me inspirara um gosto que logo se tornou paixão. Não querendo mais uma obra para trabalhar, precisava de uma para me divertir, que me agradou e que não me dava mais trabalho do que o de um preguiçoso. Decidi fazer a *Flora petrinsularis* e descrever todas as plantas da ilha sem omitir uma só, com detalhes suficientes para me ocupar pelo resto de meus dias. Dizem que um alemão escreveu um livro sobre a casca de um limão; eu teria escrito um sobre cada gramínea dos campos, sobre cada musgo dos bosques, sobre cada líquen que recobre as pedras; enfim, não queria deixar um fio de grama, um átomo vegetal sem ampla descrição. Por causa desse belo projeto, todas as manhãs depois do café da manhã, que tomávamos todos juntos, com uma lupa na mão e meu *Systema naturae*[26] embaixo do braço, ia visitar o cantão da ilha, que para isso dividira em pequenos quadrados na intenção

---

25. Jean-Antoine d'Ivernois (1703-1765), médico e botânico que introduziu Rousseau no gosto pela herborização e pela botânica. (N.T.)

26. Obra do naturalista sueco Lineu (1707-1778) que delineia o sistema de classificação científica através da nomenclatura binomial das espécies, base da taxonomia e da nomenclatura científica moderna. (N.T.)

de percorrer um depois do outro em cada estação. Não há nada mais singular que os encantamentos, os êxtases que senti a cada observação feita sobre a estrutura e a organização vegetal, e sobre o funcionamento das partes sexuais na frutificação, cujo sistema era em tudo novo para mim. A distinção dos caracteres genéricos, dos quais não fazia a mínima ideia, me encantava ao verificá-los nas espécies comuns, enquanto não aparecessem outras mais raras. A ramificação dos dois longos estames da brunela, a elasticidade dos da urtiga e da parietária, a explosão do fruto da balsamina e da cápsula do buxo, mil pequenos movimentos da frutificação que observava pela primeira vez me enchiam de alegria, e seguia caminho perguntando quem tinha visto as hastes da brunela, assim como La Fontaine perguntava quem tinha lido Habacuc.[27] Depois de duas ou três horas, voltava carregando uma grande colheita, provisão de divertimento para depois do almoço em casa, em caso de chuva. Usava o resto da manhã para ir junto com o recebedor, sua mulher e Thérèse visitar seus trabalhadores e sua colheita, quase sempre colocando as mãos na massa com eles; muitas vezes, moradores de Berna que vinham me ver me encontraram empoleirado em grandes árvores com um saco ao redor do corpo, que enchia de frutas, logo levado à terra com uma corda. O exercício que fizera na manhã e o bom humor dele indissociável tornavam o descanso do almoço muito agradável; porém, quando este se prolongava demais e o bom tempo convidava, não podia esperar tanto e, com todos ainda à mesa, me esquivava e pegava sozinho um barco que conduzia para o meio do lago quando a água estava calma; ali, me estendendo ao comprido dentro dele com os olhos voltados para o céu, me deixava ir e derivar lentamente ao sabor das águas, às vezes por várias horas, mergulhado em mil devaneios confusos, mas deliciosos,

---

27. Engano de Rousseau, pois La Fontaine admirava Baruch, e não Habacuc (ambos profetas do Antigo Testamento). (N.T.)

que sem terem algum objeto bem-determinado ou constante não deixavam de ser, na minha opinião, cem vezes preferíveis a tudo o que encontrara de mais doce nos chamados prazeres da vida. Muitas vezes avisado pelo cair do sol da hora da partida, me encontrava tão longe da ilha que era obrigado a usar toda a minha força para chegar antes da noite fechada. Outras vezes, em vez de me afastar pela água, me contentava em costear as margens verdejantes da ilha, cujas águas límpidas e sombras frescas tantas vezes me levaram a tomar banho. No entanto, uma de minhas navegações mais frequentes era ir da grande à pequena ilha, ali desembarcar e passar a tarde fazendo caminhadas bastante circunscritas em meio a salgueiros, amieiros, persicárias e arbustos de todas as espécies, ou me estabelecendo no cume de uma colina arenosa coberta de grama, serpão, flores e inclusive esparzeta e trevos, que é provável tenham sido semeados há muito tempo; ilha muito adequada para abrigar coelhos que ali poderiam se multiplicar em paz sem nada temer e sem prejudicar a ninguém. Dei essa ideia ao recebedor, que mandou vir de Neuchâtel coelhos machos e fêmeas; fomos em grande pompa, sua mulher, uma de suas irmãs, Thérèse e eu, colocá-los na pequena ilha, onde começaram a se desenvolver antes de minha partida e onde sem dúvida prosperaram caso tenham conseguido aguentar o rigor dos invernos. A fundação dessa pequena colônia foi uma festa. O piloto dos argonautas não ficou mais orgulhoso que eu conduzindo em triunfo a companhia e os coelhos da ilha grande para a pequena, e observei com orgulho que a mulher do recebedor, que temia a água em excesso e sempre ficava enjoada, embarcou sob meu comando com confiança e não demonstrou medo algum durante a travessia.

Quando o lago agitado não permitia a navegação, passava minha tarde percorrendo a ilha e herborizando de alto a baixo, sentando ora nos recantos mais agradáveis e solitários para devanear à vontade, ora nos terraços e colinas, para percorrer com os olhos a magnífica e encantadora vista do lago e de suas margens coroadas de um lado por montanhas próximas e do outro alargadas em ricas e férteis planícies, nas quais o olhar se estendia até as montanhas azuladas mais afastadas que a delimitavam.

Quando a noite se aproximava, eu descia dos cumes da ilha e em geral sentava na beira do lago, sobre a areia, em algum refúgio escondido; ali o barulho das ondas e a agitação da água, fixando meus sentidos e afastando de minha alma qualquer outra agitação, a mergulhavam em um devaneio delicioso em que muitas vezes a noite me surpreendia sem que eu percebesse. O fluxo e o refluxo dessa água, seu ruído contínuo e retomado a cada intervalo, atingindo sem parar meus ouvidos e meus olhos, substituíam os movimentos internos que o devaneio apagava em mim e bastavam para me fazer sentir com prazer minha existência sem me dar ao trabalho de pensar. De tempos em tempos, nascia alguma fraca e pequena reflexão sobre a instabilidade das coisas deste mundo, cuja imagem a superfície das águas me oferecia, mas logo essas impressões ligeiras se apagavam na uniformidade do movimento contínuo que me embalava e que, apesar de nenhuma participação ativa de minha alma, não deixava de me prender, a ponto de, ao ser chamado pela hora e pelo sinal combinado, não conseguir sair dali sem esforço.

Depois da ceia, quando a noite estava bonita, ainda íamos todos juntos fazer algum passeio no terraço para respirar o ar do lago e seu frescor. Descansávamos no pavilhão, ríamos, conversávamos, cantávamos alguma velha canção não inferior à enrolação moderna e, por fim, íamos deitar felizes com o dia, desejando que o seguinte fosse semelhante.

Essa foi, deixando de lado as visitas imprevistas e inoportunas, a maneira como passei meu tempo nessa ilha durante o período em que ali fiquei. Que me digam hoje o que havia ali de tão atraente para provocar em meu coração saudades tão vivas, tão ternas e constantes para que, depois de quinze anos, ainda me seja impossível pensar nessa morada querida sem me sentir, a cada vez, para lá transportado pelo ardor do desejo.

Observei, nas vicissitudes de uma longa vida, que as épocas dos deleites mais doces e dos prazeres mais vivos não são, porém, as épocas cuja lembrança mais me atrai e toca. Esses breves momentos de delírio e de paixão, por mais vivos que possam ser, não passam, no entanto, por sua própria vivacidade, de pontos bastante dispersos na linha da vida. Eles são raros e rápidos demais para constituírem um estado, e a felicidade de que meu coração sente falta não é composta por instantes fugidios, mas de um estado simples e permanente, que nada tem de intenso em si, mas cuja duração aumenta o encanto a ponto de nele por fim encontrar a suprema felicidade.

Tudo na terra está em um fluxo contínuo: nada mantém uma forma constante e fixa, e nossas afeições, que se apegam às coisas externas, necessariamente passam e mudam como elas. Sempre à frente ou atrás de nós, elas lembram o passado que não é mais ou preveem o futuro que muitas vezes não deve acontecer: não existe nada sólido a que o coração possa se apegar. Assim, neste mundo só conhecemos o prazer que passa; a felicidade que dura, duvido que seja conhecida. Mal existe, em nossos mais vivos prazeres, um instante em que o coração possa de fato dizer: "Eu gostaria que esse instante durasse para sempre". E como chamar de felicidade um estado fugidio que nos deixa o coração inquieto e vazio, que nos faz sentir falta de algo antes ou desejar ainda algo depois?

Contudo, se existe um estado em que a alma encontra uma base sólida o suficiente para descansar por inteiro e reunir todo seu ser, sem precisar lembrar o passado ou avançar sobre o futuro; em que o tempo nada é para ela;

em que o presente dura para sempre sem no entanto marcar sua duração e sem nenhum sinal de sucessão, sem nenhum outro sentimento de privação ou de deleite, de prazer ou de dor, de desejo ou temor que o de nossa existência, e em que apenas esse sentimento a preencha por inteiro; enquanto esse estado durar, quem nele se encontra pode se chamar de feliz, não de uma felicidade imperfeita, pobre e relativa, como aquela encontrada nos prazeres da vida, mas uma felicidade suficiente, perfeita e plena, que não deixa na alma nenhum vazio que ela sinta necessidade de preencher. Foi nesse estado que muitas vezes me encontrei na ilha de Saint-Pierre durante meus devaneios solitários, seja deitado em meu barco, que deixava vagar sem rumo ao sabor das águas, seja sentado nas margens do lago agitado, seja em outro lugar à beira de um belo rio ou riacho murmurando sobre o cascalho.

De que nos deleitamos em semelhante situação? De nada exterior a nós mesmos, de nada além de nós mesmos e de nossa própria existência; enquanto esse estado dura, bastamos a nós mesmos como Deus. O sentimento da existência despojada de qualquer afeto é em si mesmo um sentimento precioso de contentamento e de paz, que bastaria em si para tornar essa existência cara e doce a quem soubesse afastar de si todas as impressões sensuais e terrenas que vêm constantemente nos distrair dela e perturbar sua doçura no mundo. Mas a maior parte dos homens, agitados por paixões contínuas, pouco conhecem desse estado e, tendo-o experimentado apenas de maneira imperfeita durante poucos instantes, guardam dele apenas uma ideia obscura e confusa que não permite sentir seu encanto. Não seria mesmo bom, na presente constituição das coisas, que ávidos desses doces êxtases eles se desgostassem da vida ativa cujo dever suas necessidades sempre renovadas lhes prescrevem. Mas um desventurado que foi arrancado da sociedade humana e que nada mais pode fazer neste mundo de útil e de bom para outro ou para si mesmo pode encontrar, nesse estado de todas as felicidades humanas, compensações que a fortuna e os homens não lhe poderiam tirar.

É verdade que essas compensações não podem ser sentidas por todas as almas, nem em todas as situações. É preciso que o coração esteja em paz e que nenhuma paixão perturbe sua calma. É preciso haver predisposições de parte daquele que as sente e na participação dos objetos circundantes. Não deve haver nem repouso absoluto, nem agitação em excesso, mas um movimento, uniforme e moderado, sem solavancos e interrupções. Sem movimento a vida não passa de letargia. Se o movimento é desigual ou forte demais, desperta; ao nos lembrar os objetos circundantes, destrói o encanto do devaneio e nos arranca de dentro de nós mesmos para nos sujeitar na hora ao jugo da fortuna e dos homens e nos devolver à sensação de nossos infortúnios. Um silêncio absoluto leva à tristeza. Passa uma imagem da morte. O socorro de uma imaginação alegre se faz então necessário e se apresenta de forma bastante natural àqueles que o céu beneficiou com ela. O movimento que não vem de fora acontece, portanto, dentro de nós. O repouso é mínimo, é verdade, mas também mais agradável quando leves e doces ideias, sem agitar o fundo da alma, por assim dizer, apenas afloram à superfície. Basta isso para lembrar de si mesmo esquecendo todos os seus males. Esse tipo de devaneio pode ser experimentado em todos os lugares onde podemos ficar tranquilos, e muitas vezes pensei que na Bastilha, e mesmo num calabouço em que nenhum objeto chegasse à minha vista, eu poderia devanear de maneira agradável.

Mas é preciso admitir que isso acontecia muito melhor e de forma mais agradável em uma ilha fértil e solitária, por natureza circunscrita e separada do resto do mundo, onde apenas se ofereciam imagens alegres, onde nada me recordava de lembranças tristes, onde a sociedade do pequeno número de habitantes era afável e doce, sem ser interessante a ponto de me ocupar de maneira constante, onde enfim podia me entregar o dia todo, sem obstáculos e sem preocupações, às ocupações de meu gosto ou à mais lânguida ociosidade. O momento sem dúvida era belo para um sonhador que, sabendo alimentar-se de agradáveis ilusões em meio aos objetos mais desagradáveis, podia saciar-se à vontade fazendo concorrer a ele tudo o que de fato afetava seus sentidos. Ao sair de um longo e doce devaneio, vendo-me cercado de vegetação, de flores e de pássaros, deixando meus olhos errarem ao longe sobre as romanescas margens que costeavam uma vasta extensão de água clara e cristalina, assimilava às minhas fantasias todos esses amáveis objetos; e sendo pouco a pouco devolvido a mim mesmo e ao que me cercava, não podia definir o ponto de separação entre as fantasias e as realidades; tudo concorria igualmente para tornar cara a vida recolhida e solitária que levava durante essa bela estada. Por que não se repete? Por que não posso terminar meus dias nessa ilha querida, não saindo jamais, nem jamais revendo nenhum habitante do continente que me lembrasse das calamidades de todo tipo que se comprazem a fazer convergir sobre mim há tantos anos? Logo seriam esquecidos para sempre: sem dúvida não me esqueceriam, mas de que me importaria, desde que não tivessem como perturbar meu repouso? Libertado de todas as paixões terrenas que o tumulto da vida social produz, minha alma várias vezes se lançaria acima dessa atmosfera e se ligaria, antes da hora, a inteligências celestes a cujo número espera somar-se em pouco tempo. Os homens se absterão, bem sei, de me conceder tão doce refúgio onde não quiseram me deixar ficar. Mas não me impedirão, pelo menos, de para lá me transportar todos os dias nas asas da imaginação e de experimentar por algumas horas o mesmo prazer que teria se ainda morasse lá. O que ali faria de mais doce seria devanear à vontade. Ao devanear que lá estou não faço a mesma coisa? Faço inclusive mais: aos atrativos de um devaneio abstrato e monótono acrescento imagens encantadoras que o vivificam. Seus objetos muitas vezes escapavam a meus sentidos em meus êxtases e agora, quanto mais profundo é meu devaneio, mais são pintados com intensidade. Na maioria das vezes me encontro mais no meio deles e de modo mais agradável do que quando ali estava de verdade. O problema é que, à medida que a imaginação arrefece, cada vez isso se dá com mais dificuldade e não dura tanto tempo. Infelizmente, é quando começamos a abandonar nossa carcaça que somos mais perturbados por ela!

Sexta caminhada

Quase não temos movimentos maquinais cuja causa não possamos encontrar em nosso coração se soubermos procurar bem. Ontem, passando no novo bulevar para ir herborizar ao longo do Bièvre para os lados de Gentilly[28], fiz um desvio à direita ao me aproximar da barreira d'Enfer[29], e adentrando nos campos segui pela estrada de Fontainebleau, chegando à região elevada que margeia esse pequeno rio. Essa caminhada era bastante banal em si, mas ao me lembrar que fizera maquinalmente diversas vezes o mesmo desvio, procurei a causa em mim mesmo e não pude deixar de rir quando consegui esclarecê-la.

Numa esquina do bulevar, na saída da barreira d'Enfer, encontra-se todos os dias, no verão, uma mulher que vende frutas, infusões e pãezinhos. Essa mulher tem um filhinho encantador mas coxo que, claudicando com suas muletas, sai a pedir com bastante graça esmolas aos passantes. Eu travara uma espécie de relação com esse rapazinho; ele não deixava, a cada vez que eu passava, de me fazer seu pequeno cumprimento, sempre seguido de minha pequena oferenda. Nas primeiras vezes fiquei encantado de vê-lo, dava de muito bom coração e continuei por algum tempo a fazê-lo com o mesmo prazer, somado inclusive, na maioria das vezes, ao de excitar e ouvir sua pequena tagarelice, que

---

28. O Bièvre é um rio que passa por Paris (hoje subterrâneo) e deságua no Sena. Antes cruzava a comuna de Gentilly, no subúrbio sul da capital. (N.T.)

29. Uma das barreiras de impostos da cidade de Paris, no antigo Boulevard d'Enfer (atual Boulevard Raspail), cujo nome deriva do Bois d'Enfer, antigo bosque do atual 14º *arrondissement*. (N.T.)

achava agradável. Esse prazer tornado aos poucos hábito se encontrou, não sei como, transformado em uma espécie de dever cujo incômodo logo comecei a sentir, sobretudo por causa da arenga preliminar que era preciso ouvir, na qual ele nunca deixava de me chamar várias vezes de senhor Rousseau para mostrar que me conhecia bem, o que me dizia, muito pelo contrário, que ele não me conhecia mais do que aqueles que o haviam instruído. A partir disso, passei por ali com menos boa vontade e, por fim, peguei maquinalmente o costume de fazer quase sempre um desvio quando me aproximava daquela barreira.

Eis o que descobri ao refletir sobre isso, pois nada disso ocorrera, até o momento, com discernimento à minha mente. Essa observação me lembrou pouco a pouco das inúmeras outras que me confirmaram que os verdadeiros e primeiros motivos da maior parte de minhas ações não são tão claros a mim mesmo quanto por muito tempo imaginei. Sei e sinto que fazer o bem é a mais verdadeira felicidade que o coração pode experimentar, mas faz muito tempo que essa felicidade foi colocada fora de meu alcance, e não é com uma sorte tão miserável quanto a minha que se pode esperar fazer com escolha e proveito uma única ação de fato boa. Como o maior cuidado daqueles que regulam meu destino foi que tudo tivesse para mim falsa e enganadora aparência; um motivo de virtude nunca passa de um engodo apresentado para me atrair à armadilha na qual querem me prender. Sei disso; sei que o único bem de agora em diante em meu poder é o de me abster de agir por medo de fazer o mal sem o querer e sem o saber.

Mas houve tempos mais felizes em que, seguindo os movimentos de meu coração, pude algumas vezes deixar contente outro coração, e tenho o dever de dar o honorável testemunho de que cada vez que pude experimentar esse prazer o achei mais doce que qualquer outro. Essa inclinação foi intensa, verdadeira, pura, e nada em meu foro mais íntimo jamais a desmentiu. No entanto, muitas vezes senti o peso de minhas próprias boas ações pelo encadeamento de deveres que traziam consigo: com isso, o prazer desaparece e encontro na continuação dos mesmos cuidados que antes me haviam encantado um incômodo quase que insuportável. Durante minhas curtas prosperidades, muitas pessoas recorreram a mim, e nunca em todos os serviços que pude fazer-lhes alguma delas foi repelida. Contudo, dessas primeiras boas ações feitas com efusão no coração nasciam cadeias de compromissos sucessivos que eu não havia previsto e de que não podia me livrar. Meus primeiros serviços não passavam, aos olhos daqueles que os recebiam, de adiantamentos dos que viriam a seguir; assim que algum desafortunado jogasse sobre mim os grilhões de uma dádiva recebida, eu ficaria preso dali por diante, e essa primeira boa ação livre e voluntária se tornaria um direito ilimitado de todos aqueles que poderiam vir a precisar dela no futuro, sem que a própria incapacidade bastasse para delas me isentar. Foi assim que deleites muito suaves se transformavam para mim, com o passar do tempo, em onerosas submissões.

Esses encadeamentos, no entanto, não me pareceram tão pesados enquanto, ignorado do público, vivi na obscuridade. Mas quando minha pessoa foi exibida por meus escritos, falta grave, sem dúvida, porém mais do que expiada por meus infortúnios, a partir desse momento me tornei o gabinete geral de todos os sofredores ou pretensos sofredores, de todos os aventureiros atrás de tolos, de todos aqueles que, pretextando o grande crédito que fingiam me atribuir, queriam me subjugar de uma forma ou de outra. Foi quando tive a oportunidade de ver que todas as inclinações da natureza, sem excetuar a própria caridade, efetuadas ou seguidas na sociedade sem prudência e sem escolha, mudam de natureza e se tornam muitas vezes tão nocivas quanto eram úteis em sua orientação original.

Tantas experiências cruéis aos poucos mudaram minhas disposições originais, ou melhor, por fim encerrando-as em seus verdadeiros limites, me ensinaram a seguir de maneira menos cega minha inclinação para a caridade, que servia apenas para facilitar a maldade alheia.

Mas não lamento essas mesmas experiências, pois me proporcionaram, através da reflexão, novas luzes sobre o conhecimento de mim mesmo e sobre os verdadeiros motivos de minha conduta em mil circunstâncias sobre as quais com frequência me iludi. Vi que para fazer o bem com prazer seria preciso agir com liberdade, sem coação, e que para perder toda a doçura de uma boa ação bastaria que ela se tornasse um dever. Depois disso, o peso da obrigação transformaria em fardo o mais doce deleite e, como disse no *Emílio*, me parece[30], eu teria sido, para os turcos, um mau marido na hora em que o grito público chama para o preenchimento dos deveres que me caberiam.

Isso modifica bastante a opinião que tive por muito tempo de minha própria virtude, pois não há virtude em seguirmos nossas inclinações e nos proporcionarmos, quando elas nos levam a tanto, o prazer de fazer o bem. Mas ela consiste em vencê-las quando o dever ordena para fazer o que ele nos prescreve, e isso eu soube fazer menos que qualquer homem no mundo. Tendo nascido sensível e bom, levando a piedade até a fraqueza e me sentindo exaltar a alma por tudo o que está ligado à generosidade, fui humano, benfeitor, caridoso, por gosto, até mesmo por paixão, enquanto tocaram apenas meu coração; teria sido o melhor e mais clemente dos homens se tivesse sido o mais poderoso e, para apagar em mim todo desejo de vingança, bastaria poder me vingar. Teria inclusive sido impiedoso contra meu próprio interesse, mas contra o das pessoas que me eram caras não teria conseguido sê-lo. Quando meu

---

30. Trata-se, na verdade, de um trecho das *Confissões*. (N.T.)

dever e meu coração entravam em contradição, o primeiro raras vezes saía vitorioso, a menos que bastasse me omitir; dessa forma, eu era forte na maior parte das vezes, mas agir contra minhas propensões sempre me foi impossível. Quer estejam os homens, o dever ou mesmo a necessidade comandando quando meu coração se cala, minha vontade permanece surda, e não posso obedecer. Vejo o mal que me ameaça e o deixo chegar, em vez de me agitar para preveni--lo. Começo às vezes com esforço, mas esse esforço me cansa e me esgota muito depressa; não consigo continuar. Em tudo o que se possa imaginar, aquilo que não faço com prazer logo me é impossível de fazer.

Há mais. A coação, indo ao encontro de meu desejo, basta para aniquilá-lo e transformá-lo em repugnância, até mesmo em aversão, por pouco que seja, o que me torna penosa a boa obra que exigem e que eu próprio fazia quando não a exigiam. Uma boa ação puramente gratuita é com certeza uma obra que gosto de fazer. No entanto, quando aquele que a recebe se atribui o direito de exigir uma continuação sob pena de ódio, quando me obriga a ser para sempre seu benfeitor, por ter antes gostado de sê-lo, na mesma hora o incômodo começa e o prazer se esvai. O que faço nessas horas, quando cedo, é fraqueza e falso pudor, pois a boa vontade não mais existe; e, longe de aplaudir a mim mesmo, censuro em minha consciência o bem-fazer a contragosto.

Sei que existe uma espécie de contrato, inclusive o mais sagrado de todos, entre o benfeitor e o favorecido. É um tipo de sociedade que eles formam um com o outro, mais estreita que aquela que une os homens em geral, e se o favorecido se compromete de maneira tácita ao reconhecimento, o benfeitor igualmente se compromete a manter em relação ao outro, enquanto este não se tornar indigno, a mesma boa vontade que acaba de lhe testemu-nhar renovando seus atos todas as vezes em que puder e for solicitado. Não se trata de condições explícitas, mas de consequências naturais da relação que acaba de se estabelecer entre eles. Aquele que recusa um serviço gratuito que lhe pedem pela primeira vez não dá àquele a quem recusou esse serviço nenhum direito de se queixar, mas aquele que em um caso semelhante recusa a mesma graça que lhe concedera previamente frustra uma esperança que autorizara a existir; engana e nega uma espera que fizera nascer. Sentimos nessa recusa um pouco mais de injustiça e dureza que na primeira, mas ela não deixa de ser o produto de uma independência que o coração aprecia e à qual só renuncia com esforço. Quando pago uma dívida, é um dever que cumpro; quando faço um dom, é uma prazer que me dou. Ora, o prazer de cumprir um dever é daqueles que apenas o hábito da virtude produz: aqueles que vêm direto da natureza não se elevam tão alto.

Depois de tantas tristes experiências, aprendi a prever de longe as consequências de meus impulsos originais repetidos e muitas vezes me omiti de uma boa obra que tinha o desejo e o poder de fazer, assustado com o constrangimento ao qual a seguir me submeteria se agisse de maneira irrefletida. Nem sempre senti esse temor; pelo contrário, em minha juventude me apegava aos outros por minhas próprias boas ações, e várias vezes também senti que aqueles que favorecia se afeiçoavam a mim mais por reconhecimento do que por interesse. Mas as coisas mudaram muito em relação a isso e a todas as outras coisas assim que meus infortúnios começaram. Vivi a partir de então com uma nova geração que não se parecia em nada à primeira, e meus próprios sentimentos pelos outros sofreram mudanças que encontrei nos seus. As mesmas pessoas que vi nessas duas gerações tão diferentes se assimilaram, por assim dizer, a uma e à outra. De verdadeiras e sinceras que eram no início, tendo se tornado aquilo que são, fizeram como todos os outros; pelo único fato de os tempos terem mudados, os homens mudaram também. Oh!, como manter os mesmos sentimentos por aqueles em quem encontro o contrário do que os originou? Não os odeio, porque não poderia odiar, mas não posso me impedir o desprezo que merecem, nem me abster de demonstrá-lo a eles.

Talvez, sem perceber, eu tenha mudado a mim mesmo mais do que seria preciso. Que caráter resistiria sem se alterar a uma situação semelhante à minha? Convencido por vinte anos de experiência de que tudo aquilo que a natureza colocou de felizes disposições em meu coração foi estragado pelo destino e por aqueles que dele dispõem, em prejuízo de mim mesmo ou de outrem, só posso considerar alguma boa ação que me peçam como uma armadilha sob a qual se esconde algum mal. Sei que, seja qual for o efeito da ação, não deixarei de ter o mérito de minha boa intenção. Sim, esse mérito ainda existe, sem dúvida, mas o encanto interior não, e quando esse estímulo não está presente, sinto apenas indiferença e gelo dentro de mim, e certo de que em vez de fazer uma ação de fato útil estou sendo tolo, a indignação do amor-próprio unida ao repúdio da razão me inspira repugnância e resistência, quando estaria cheio de ardor e zelo em meu estado natural.

Existem certas adversidades que elevam e dão força à alma, mas existem outras que a abatem e matam; assim é a de que sou vítima. Por pouco que houvesse de mau fermento na minha, teria fermentado em excesso, teria me tornado frenético, mas apenas me tornou nulo. Impossibilitado de fazer o bem, por mim e por outrem, me abstive de agir; e esse estado, que é inocente apenas porque é forçado, me faz encontrar uma espécie de satisfação ao me entregar de maneira plena, irrepreensível, à minha tendência natural. Vou longe demais, sem dúvida, pois evito as ocasiões de agir, mesmo onde vejo apenas bem a fazer. Certo de que não me deixam ver as coisas como elas são, me abstenho de julgar pelas aparências que dão a essas coisas e, se cobrirem os motivos da ação com algum engodo, basta que esses motivos sejam deixados a meu alcance para que eu tenha a certeza de que são enganosos.

Meu destino, ainda na infância, parece ter armado a primeira armadilha, que me tornou por muito tempo propenso a cair em todas as outras. Nasci o mais confiante dos homens, e durante quarenta anos completos essa confiança não foi enganada uma única vez. Caído de repente entre pessoas e coisas de uma ordem diferente, acabei em milhares de ciladas sem jamais perceber alguma, e vinte anos de experiência pouco adiantaram para me esclarecer sobre o meu destino. Uma vez convencido de que existe apenas mentira e falsidade nas demonstrações afetadas que me prodigalizam, logo passei ao outro extremo: uma vez saídos de nosso natural, não existem mais limites que nos contenham. Com isso me desgostei dos homens e, como minha vontade converge com a deles nesse ponto, me mantenho ainda mais afastado deles do que de todas as suas intrigas.

Por mais que tentem, essa repugnância nunca chegará à aversão. Ao pensar na dependência que têm de mim para me manter na deles, me causam uma verdadeira piedade. Se sou infeliz, eles também o são, e cada vez que reflito acho sempre que são dignos de lástima. O orgulho talvez ainda se misture a esses julgamentos, já que me sinto por demais acima deles para odiá-los. Podem no máximo me interessar até o desprezo, mas nunca até o ódio: enfim, amo demais a mim mesmo para poder odiar quem quer que seja. Isso seria estreitar, comprimir minha existência, e eu gostaria antes de estendê-la sobre todo o universo.

Prefiro fugir a odiá-los. A visão deles fere meus sentidos e, através destes, meu coração com impressões que mil olhares cruéis tornam penosas, mas o mal-estar cessa assim que o objeto que o causa desaparece. Eu me preocupo com eles, muito a contragosto, por sua presença, mas nunca por sua lembrança. Quando não os vejo mais, são para mim como se não existissem.

Não me são nem mesmo indiferentes, a não ser no que diz respeito a mim, pois em suas relações entre si ainda podem me interessar e me comover, como os personagens de um drama a que assistisse. Seria preciso que meu ser moral fosse aniquilado para que a justiça se tornasse indiferente para mim. O espetáculo da injustiça e da maldade ainda me faz ferver o sangue de raiva; os atos de virtude em que não vejo nem alarde nem ostentação sempre me fazem estremecer de alegria e ainda me arrancam doces lágrimas. Mas é preciso que os veja e aprecie por mim mesmo: depois de minha própria história, precisaria ser insensato para aceitar, no que quer que seja, o julgamento dos homens e acreditar em qualquer coisa baseado nas palavras de outrem.

Se minha figura e meus traços fossem tão perfeitamente desconhecidos pelos homens quanto meu caráter e minha natureza, ainda viveria sem dificuldade em meio a eles. Sua companhia poderia inclusive me agradar enquanto lhes fosse de todo estranho. Entregue sem coação a minhas inclinações naturais, ainda os amaria se nunca se ocupassem de mim. Exerceria sobre eles uma benevolência universal e desinteressada: sem jamais criar um apego particular e sem carregar o fardo de algum dever, faria para eles, de maneira livre e por mim mesmo, tudo o que têm tanta dificuldade de fazer, instigados por seu amor-próprio e coagidos por todas as suas leis.

Se tivesse permanecido livre, obscuro, isolado, como fora feito para ser, só teria feito o bem, pois não levo no coração a semente de nenhuma paixão prejudicial. Se fosse invisível e onipotente como Deus, teria sido benfeitor e bom como ele. A força e a liberdade é que fazem os homens superiores. A fraqueza e a escravidão sempre fizeram os maus. Se fosse o dono do anel de Giges[31], ele me tiraria da dependência dos homens e os colocaria na minha. Muitas vezes me perguntei, em meus castelos de vento, que uso teria feito desse anel, pois com ele a tentação de abusar do poder deve estar próxima. Senhor da realização de meus desejos, podendo tudo sem poder ser enganado por ninguém, o que poderia ter desejado com alguma constância? Uma única coisa: ver todos os corações contentes. Apenas a visão da felicidade pública tocaria meu coração com um sentimento permanente, e o ardente desejo de concorrer para ela teria sido minha mais constante paixão. Sempre justo sem parcialidade e sempre bom sem fraqueza, também teria me garantido das desconfianças cegas e dos ódios implacáveis; ao ver os homens como de fato são e lendo com facilidade o fundo de seus corações, teria encontrado poucos amáveis o suficiente para merecer todas as minhas afeições, poucos odiosos o suficiente para merecer todo o meu ódio, sua própria maldade me levaria a lamentá-los ao conhecer o mal que fazem a si mesmos quando desejam fazer a outrem. Talvez eu tivesse tido, em momentos de alegria, a infantilidade de operar prodígios: desinteressado de mim mesmo e tendo por lei apenas minhas inclinações naturais, de alguns atos de justiça severa teria feito mil outros de clemência e equanimidade. Ministro da Previdência e distribuidor de suas leis, conforme meu poder, teria feito milagres mais sensatos e úteis que os da lenda dourada e do túmulo de Saint-Médard.[32]

---

31. Anel que segundo Platão, na *República*, podia deixar aquele que o encontrasse (o pastor Giges) invisível. (N.T.)

32. A *Lenda dourada* é uma coletânea de vidas de santos escrita por Jacopo de Varagine no século XIII, com histórias de milagres e relíquias sagradas. O túmulo de Saint-Médard, por sua vez, onde estava enterrado o diácono jansenista François de Pâris, morto em 1727 e enterrado no cemitério de Saint-Médard, teria o poder de operar curas milagrosas e produzir êxtases convulsionários. (N.T.)

Há apenas um ponto sobre o qual a faculdade de penetrar em tudo, invisível, poderia me fazer buscar tentações às quais resistiria com dificuldade, e uma vez nesses descaminhos, para onde não teria sido conduzido? Seria conhecer muito mal a natureza e a mim mesmo dizer que essas possibilidades não me teriam seduzido ou que a razão teria impedido essa queda fatal. Seguro de mim em qualquer outro assunto, estaria perdido com apenas este. Aquele cujo poder o coloca acima do homem deve estar acima das fraquezas da humanidade, sem o que esse excesso de força só serviria para colocá-lo de fato abaixo dos demais e do que ele teria sido se tivesse permanecido igual a eles.

Vistas essas coisas, acho que faria melhor em jogar fora meu anel mágico antes que ele me fizesse cometer alguma besteira. Se os homens se obstinam em me ver de forma diferente do que sou, e se o fato de me verem exacerba sua injustiça, para sair de sua vista é preciso fugir, mas não me eclipsar no meio deles. Cabe a eles se esconderem diante de mim, ocultarem de mim suas intrigas, fugirem à luz do dia, se enfiarem na terra como toupeiras. Quanto a mim, que me vejam se puderem, tanto melhor, mas isso lhes é impossível; sempre verão em meu lugar o Jean-Jacques que criaram para si mesmos, e segundo seus corações, para odiá-lo à vontade. Cometeria um erro, portanto, ao sofrer pela maneira como me veem: não devo ter um interesse verdadeiro por isso, pois não sou eu que veem assim.

O resultado que posso tirar de todas essas reflexões é que jamais fui de fato feito para a sociedade civil, no qual tudo é constrangimento, obrigação, dever, e que minha natureza independente sempre me tornou incapaz das submissões necessárias a quem quer viver com os homens. Enquanto ajo com liberdade, sou bom e faço apenas o bem; porém, assim que sinto o jugo, seja da necessidade, seja dos homens, me torno rebelde, ou melhor, insubmisso, e assim me anulo. Quando é preciso fazer o contrário de minha vontade, não o faço, não importa o que aconteça; também não faço minha própria vontade, porque sou fraco. Eu me abstenho de agir, pois toda a minha fraqueza é pela ação, toda a minha força é negativa e todos os meus pecados são de omissão, raras vezes de ação. Nunca acreditei que a liberdade do homem consistisse em fazer o que quisesse, mas sim em nunca fazer o que não quisesse, e esta é a liberdade que sempre reclamei, muitas vezes preservei e pela qual mais escandalizei meus contemporâneos. Para eles, ativos, irrequietos, ambiciosos, que detestam a liberdade nos outros e não a querem para si próprios, desde que às vezes façam sua vontade, ou melhor, que dominem a de outrem, eles se obrigam por toda a vida a fazer aquilo que os repugna e não negligenciam nenhuma submissão para comandar. O erro deles não foi, portanto, me afastar da sociedade como um membro inútil, mas dela me proscrever como um membro pernicioso: fiz muito pouco o bem, confesso, mas quanto ao mal, este não penetrou em minha vontade durante a minha vida, e duvido que exista algum homem no mundo que o tenha realmente cometido menos que eu.

Sétima caminhada

A coleta de meus longos sonhos há pouco começou, e sinto que chega ao fim. Outro passatempo a sucede, me absorve e me tira inclusive o tempo de sonhar. Eu me entrego a ele com um entusiasmo que tem muito de extravagância e que me faz rir de mim mesmo quando penso no assunto, mas não deixo de me entregar a ele, porque, na situação em que me encontro, não tenho outra regra de conduta que não a de seguir minhas inclinações em tudo, sem constrangimento. Nada posso mudar em meu destino; só tenho inclinações inocentes, e todos os julgamentos dos homens sendo, de agora em diante, nulos para mim, a própria sensatez diz que naquilo que permanece a meu alcance eu faça tudo o que me agrada, seja em público, seja em meu foro íntimo, sem outra regra que minha fantasia e sem outra medida que o pouco de força que me restou. Aqui estou, portanto, com meu feno como único alimento e a botânica como única ocupação. Já velho, recebera os primeiros rudimentos na Suíça com o doutor d'Ivernois e havia herborizado bastante bem durante minhas viagens, adquirindo um conhecimento razoável do reino vegetal. No entanto, ao me tornar mais que sexagenário e sedentário em Paris, as forças começaram a faltar para as grandes herborizações, e, por outro lado, estando bastante dedicado ao trabalho de copista de música para não precisar de outra ocupação, eu abandonara esse passatempo que não me era mais necessário; vendera meu herbário, vendera meus livros, satisfeito algumas vezes em rever as plantas comuns que encontrava ao redor de Paris durante minhas caminhadas. Nesse intervalo, o pouco que sabia quase se apagou de todo de minha memória, de maneira bem mais rápida do que nela fora gravado.

De repente, com mais de 65 anos, privado do pouco de memória que tinha e das forças que me restavam para correr os campos, sem guia, sem livros, sem jardim, sem herbário, eu me encontro reconquistado por essa mania, porém com mais ardor do que tive ao me dedicar pela primeira vez; me vejo seriamente ocupado com o sensato projeto de aprender de cor todo o *Regnum vegetabile* de Murray[33] e de reconhecer todas as plantas conhecidas na terra. Sem condições de poder comprar livros de botânica, eu me dispus a transcrever os que me emprestaram e, decidido a recomeçar um herbário mais rico que o primeiro, esperando ali colocar todas as plantas do mar e dos Alpes e de todas as árvores das Índias, começo com proveito pelo morrião, pelo cerefólio, pelo borago e pela tasna; herborizo com habilidade sobre a gaiola de meus pássaros e a cada novo ramo vegetal que encontro penso com satisfação: "É sempre uma planta a mais".

Não procuro justificar o ato que tomo ao seguir essa fantasia; o considero muito sensato, convencido de que, na situação em que me encontro, dedicar-me aos passatempos que me agradam é uma grande sabedoria e até mesmo uma grande virtude: é o meio de não deixar germinar em meu coração nenhuma semente de vingança ou de ódio, e, para encontrar em meu destino o gosto por algum passatempo, é preciso certamente ter uma natureza bastante depurada de todas as paixões irascíveis. É me vingar, à minha maneira, de meus perseguidores, pois não poderia puni-los com mais crueldade do que sendo feliz apesar deles.

Sim, sem dúvida a razão me permite, inclusive me prescreve, a dedicação a toda inclinação que me atrai e

---

33. Trata-se do título da introdução de Johann Andreas Murray à obra *Systema vegetabilium*, de Lineu, na edição publicada por Murray em 1774. (N.T.)

que nada me impede de seguir, mas ela não me ensina por que essa inclinação me atrai e qual atrativo posso encontrar num vão estudo feito sem interesse, sem progresso, e que, velho, caquético, já caduco e lento, sem destreza, sem memória, me leva de volta aos exercícios da juventude e às lições de estudante. Ora, é uma excentricidade que eu gostaria de explicar; parece-me que, bem-esclarecida, ela poderia lançar uma nova luz sobre esse conhecimento de mim mesmo cuja aquisição dediquei meus últimos lazeres.

Pensei algumas vezes com bastante profundidade, mas raras vezes com prazer, quase sempre contra minha vontade e à força: o devaneio me relaxa e me diverte, a reflexão me cansa e me entristece; pensar foi sempre para mim uma ocupação penosa e sem encanto. Algumas vezes, meus devaneios terminam em uma meditação, mas quase sempre minhas meditações terminam em um devaneio e, durante esses descaminhos, minha alma erra e plana no universo, nas asas da imaginação, em êxtases que ultrapassam qualquer outro prazer.

Enquanto as experimentei em toda a sua pureza, qualquer outra ocupação sempre me pareceu insípida. Contudo, uma vez lançado na carreira literária por impulsos externos, senti a fadiga do trabalho do espírito e o dissabor de uma celebridade infeliz, senti ao mesmo tempo meus doces devaneios esmorecerem e arrefecerem, e logo obrigado a me ocupar, contra minha vontade, de minha triste situação, raras vezes pude reencontrar esses caros êxtases que durante cinquenta anos me haviam substituído a fortuna e a glória e que, sem outro custo que não o do tempo, na ociosidade me haviam tornado o mais feliz dos mortais.

Inclusive temia, em meus devaneios, que minha imaginação amedrontada por meus infortúnios por fim deslocasse suas atividades para esse lado e que a constante consciência de meus desgostos, aos poucos me estreitando o coração, por fim me esmagasse com seu peso. Nesse estado, um instinto que me era natural, que me fazia fugir de qualquer ideia entristecedora, impôs silêncio à minha imaginação e, fixando minha atenção nos objetos que me cercavam, pela primeira vez me fez considerar com minúcia o espetáculo da natureza que até o momento apenas contemplara em massa e em conjunto.

As árvores, os arbustos e as plantas são o adereço e a vestimenta da terra. Não existe nada mais triste que o aspecto de um campo nu e vazio que oferece aos olhos apenas pedras, limo e areia. Revivificada pela natureza e coberta com seu vestido de núpcias em meio ao curso das águas e ao canto dos pássaros, a terra oferece ao homem, com a harmonia dos três reinos, um espetáculo cheio de vida, de interesse e de encanto, o único espetáculo no mundo que nunca cansa seus olhos e seu coração.

Quanto mais o contemplador tiver a alma sensível, mais se entregará aos êxtases que essa harmonia lhe provoca. Um devaneio doce e profundo se apodera de seus sentidos, e ele se perde com deliciosa embriaguez na imensidão desse belo sistema com o qual se sente identificado. Todos os objetos particulares lhe escapam; ele nada vê e nada sente senão no todo. É preciso que alguma circunstância específica restrinja suas ideias e circunscreva sua imaginação para que possa ver em partes esse universo que se esforçava por abarcar.

Era o que me acontecia naturalmente quando meu coração, constrito pela aflição, reunia e concentrava todos os seus movimentos em torno de si mesmo para conservar o resto de calor prestes a evaporar e apagar no abatimento em que eu aos poucos caía. Eu vagava com displicência pelos bosques e montanhas, não ousando pensar por medo de avivar minhas dores. Minha imaginação, que recusa os objetos de dor, deixava meus sentidos se entregarem às impressões ligeiras, porém doces, dos objetos circundantes. Meus olhos passeavam sem parar de um a outro, e não era possível que em tão grande variedade não encontrassem algum que os fixassem e prendessem por mais tempo.

Tomei gosto por esse recreio dos olhos, que no infortúnio descansa, diverte, distrai a mente e suspende a sensação dos sofrimentos. A natureza dos objetos ajuda muito essa diversão e a torna mais sedutora. Os odores suaves, as cores vivas e as formas elegantes parecem competir pelo direito de captar nossa atenção. Basta amar o prazer para se entregar a tão doces sensações; e se esse efeito não acontece com todos por ele afetados, em alguns é por falta de sensibilidade natural e na maioria por um espírito ocupado demais com outras ideias, dedicado apenas de maneira furtiva aos objetos que afetam seus sentidos.

Outra coisa contribui para afastar do reino vegetal a atenção das pessoas de gosto: é o hábito de procurar nas plantas apenas drogas e remédios. Teofrasto[34] agira de modo diferente, e podemos considerar esse filósofo como o único botânico da Antiguidade: é quase desconhecido entre nós; porém, devido a um certo Dioscórides[35], grande compilador de fórmulas, e a seus comentadores, a medicina se apossou de tal forma das plantas, transformadas em plantas medicinais, que nelas só vemos o que nunca vemos, isto é, as pretensas virtudes que todos gostam de atribuir-lhes. Não se concebe que a organização vegetal possa por si só merecer alguma atenção; pessoas que passam a vida organizando conchas com engenhosidade gozam da botânica como de um estudo inútil, quando não se acrescenta a ela, como dizem, o estudo das propriedades, isto é, quando não se abandona a observação da natureza, que nunca mente e nada diz sobre isso, para a entrega exclusiva à autoridade dos homens, que são mentirosos e que afirmam muitas coisas

---

34. Teofrasto (372 a.C.-287 a.C.), filósofo grego, aluno de Platão e Aristóteles, autor de *De causis plantarum*. (N.T.)

35. Dioscórides (c. 40 d.C.-90 d.C.), médico, farmacólogo e botânico grego, autor de *De materia medica*. (N.T.)

que devemos acreditar baseados em suas palavras, elas mesmas quase sempre baseadas na autoridade de outrem. Pare em um prado cheio de cores para examinar as flores que o fazem brilhar; aqueles que o virem assim, tomando-o por um *frater*[36], lhe pedirão ervas para curar a indisposição das crianças, a sarna dos homens ou o mormo dos cavalos. Esse desagradável prejulgamento foi em parte derrubado nos outros países, sobretudo na Inglaterra, graças a Lineu, que tirou um pouco a botânica da escola farmacêutica para devolvê-la à história natural e aos usos econômicos; contudo, na França, onde esse estudo penetrou menos junto às pessoas da alta sociedade, permanecemos tão bárbaros sobre o assunto quanto um belo espírito de Paris que ao ver em Londres um jardim de colecionador cheio de árvores e plantas raras exclama como elogio: "Eis um belíssimo jardim de boticário". Nesse sentido, o primeiro boticário foi Adão. Pois não é fácil pensar em um jardim mais bem--sortido de plantas que o do Éden.

Essas ideias medicinais com certeza são pouco adequadas para tornar agradável o estudo da botânica, desbotam o brilho dos campos, o viço das flores, ressecam o frescor das matas, tornam a vegetação e as sombras insípidas e desagradáveis; todas essas estruturas fascinantes e graciosas interessam muito pouco àquele que quer apenas esmagá-las todas em um almofariz, e ninguém vai procurar grinaldas para as pastoras no meio das ervas para fazer enemas.

Essa farmacologia toda não manchava nem um pouco minhas imagens campestres; nada mais distante delas que as infusões e os emplastros. Muitas vezes pensei, ao olhar de perto os campos, os pomares, os bosques e seus inúmeros habitantes, que o reino vegetal era um armazém de alimentos dados pela natureza ao homem e aos animais. Mas nunca me ocorreu nela procurar drogas e remédios. Nada vejo em

---

36. O ajudante do barbeiro-cirurgião. (N.T.)

suas diversas produções que me indique semelhante uso, e ela nos teria mostrado essa opção se a tivesse prescrito, como fez com os víveres. Sinto inclusive que o prazer que tenho em percorrer as matas seria envenenado pelo sentimento das enfermidades humanas se me fizesse pensar na febre, no cálculo, na gota e no mal-caduco.[37] De resto, não discutiria as grandes virtudes que lhe são atribuídas; diria apenas que, supondo reais essas virtudes, é pura malícia dos doentes continuarem a sê-lo: de tantas doenças que os homens se atribuem, não há uma única que vinte tipos de ervas não curem totalmente.

Essa maneira de pensar, que sempre reduz tudo a nosso interesse material, que em tudo procura proveito ou remédios e que faria olharmos para toda a natureza com indiferença se sempre estivéssemos bem, jamais foi a minha. Nesse ponto, sinto-me no avesso absoluto dos outros homens: tudo o que diz respeito à sensação de minhas necessidades entristece e arruína meus pensamentos; só encontrei verdadeiro encanto nos prazeres do espírito ao perder de vista os interesses de meu corpo. Assim, mesmo que acreditasse na medicina e mesmo que seus remédios fossem agradáveis, jamais chegaria a me ocupar das delícias proporcionadas por uma contemplação pura e desinteressada, e minha alma não poderia se exaltar e planar sobre a natureza enquanto a sentisse ligada aos laços de meu corpo. De resto, sem nunca ter tido grande confiança na medicina, tive muita em médicos que estimava, que amava, e a quem deixava governar minha carcaça com plena autoridade. Em quinze anos de experiência, aprendi às minhas custas[38]; voltado agora apenas para as leis da natureza, retomei com ela minha saúde original. Quando os médicos não tiverem contra mim outras queixas, quem

---

37. A epilepsia. (N.T.)

38. Rousseau parece deixar de consultar médicos a partir de 1762. (N.T.)

se espantará de seus ódios? Sou a prova viva da vanidade de sua arte e da inutilidade de seus cuidados.

Não, nada de pessoal, nada que diga respeito ao interesse de meu corpo pode ocupar de verdade minha alma. Nunca medito, nunca sonho de maneira mais prazerosa do que quando esqueço de mim mesmo. Sinto êxtases, encantamentos inexprimíveis, que me dissolvem, por assim dizer, no sistema dos seres, que me identificam com toda a natureza. Enquanto os homens foram meus irmãos, fiz projetos de felicidade terrena; sendo esses projetos sempre relativos ao todo, eu só podia ser feliz com a felicidade pública; a ideia de uma alegria particular apenas tocou meu coração quando vi meus irmãos procurando a sua em minha desgraça. Para não odiá-los, foi preciso fugir-lhes; assim, me refugiando junto à mãe comum, procurei em seus braços escapar dos golpes de seus filhos, me tornei solitário ou, como dizem, insociável e misantropo, porque a mais selvagem solidão me parece preferível à companhia dos maus, que só se alimentam de traições e de ódio.

Forçado a me abster de pensar, por medo de sem querer pensar em minhas desgraças; forçado a conter os resquícios de uma imaginação alegre mas enfraquecida, que tantas angústias poderiam por fim intimidar; forçado a tentar esquecer os homens, que me enchem de ignomínia e ultrajes, por medo de que a indignação acabe por me irritar com eles, não posso contudo me concentrar por inteiro em mim mesmo, porque minha alma expansiva procura, apesar de minhas hesitações, estender seus sentimentos e sua existência sobre outros seres, e também não posso mais me lançar, como antes, de cabeça baixa nesse vasto oceano da natureza, porque minhas faculdades enfraquecidas e debilitadas não mais encontram objetos bastante determinados, fixos e a meu alcance para me cativarem com força, e não me sinto mais com vigor suficiente para nadar no caos de meus antigos êxtases. Minhas ideias quase não passam de sensações, e a esfera de meu entendimento não ultrapassa os objetos imediatamente a meu redor.

Fugindo dos homens, buscando a solidão, não mais imaginando, pensando ainda menos, porém dotado de um temperamento vivaz que me afasta da apatia lânguida e melancólica, comecei a me ocupar de tudo o que me cercava e, por um instinto muito natural, dei preferência aos objetos mais agradáveis. O reino mineral nada tem em si de amável e atraente; suas riquezas encerradas nas profundezas da terra parecem ter sido afastadas do olhar do homem para não tentar sua avidez. Elas existem como reservas para um dia servir de suplemento às verdadeiras riquezas que estão mais a seu alcance e cujo gosto perde à medida que se corrompe. Quando isso ocorre, precisa chamar o engenho, o esforço e o trabalho em socorro de suas misérias; vasculha as entranhas da terra, procura em seu interior, arriscando sua vida e às custas de sua saúde, bens imaginários no lugar dos bens reais que ela mesma lhe oferecia quando deles sabia gozar. Foge do sol e do dia que não mais é digno de ver; se enterra vivo e faz bem, indigno de viver à luz do dia. Lá, pedreiras, abismos, forjas, fornos, bigornas, martelos, fumaça e fogo se seguem às doces imagens dos trabalhos campestres. Rostos macilentos dos desgraçados que definham nos infectos vapores das minas, negros ferreiros, horríveis ciclopes são o espetáculo que o aparato das minas substitui, no centro da terra, ao da vegetação e das flores, do céu azulado, dos pastores enamorados e dos robustos trabalhadores da superfície.

É fácil, confesso, caminhar recolhendo areia e pedras, encher seus bolsos e seu gabinete com elas e dar-se ares de naturalista: mas aqueles que se apegam a esse tipo de coleção são, em geral, ricos ignorantes que buscam apenas o prazer da exibição. Para tirar proveito do estudo dos minerais, é preciso ser químico ou físico; é preciso fazer experiências difíceis e custosas, trabalhar em laboratórios, gastar muito dinheiro e tempo em meio a carvão, cadinhos, fornos, retortas, em meio a fumaça e vapores asfixiantes, sempre arriscando a vida e muitas vezes às custas de sua saúde. De todo esse triste e cansativo trabalho resulta, na maioria das vezes, muito menos saber do que orgulho. E qual o mais medíocre dos químicos que não acredita ter penetrado todas as grandes operações da natureza por ter encontrado, talvez por acaso, algumas pequenas combinações artificiais?

O reino animal está mais a nosso alcance e com certeza ainda merece ser melhor estudado. Mas, no fim das contas, não terá também esse estudo suas dificuldades, suas complicações, seus desgostos e suas dores? Sobretudo para um solitário que não tem, em seus jogos ou em seus trabalhos, ajuda a esperar de ninguém. Como observar, dissecar, estudar, conhecer os pássaros nos ares, os peixes nas águas, os quadrúpedes mais leves que o vento, mais fortes que o homem, que não estão mais dispostos a se oferecerem às minhas pesquisas do que eu a correr atrás deles para submetê-los pela força? Teria que recorrer, portanto, a caracóis, vermes, moscas e passaria minha vida a ficar sem fôlego correndo atrás de borboletas, a empalar pobres insetos, a dissecar camundongos, quando pudesse pegá-los, ou carcaças de bichos mortos que por acaso encontrasse. O estudo dos animais nada é sem a anatomia; é através dela que se aprende a classificar, a distinguir os gêneros, as espécies. Para estudá-los segundo seus costumes, seus caracteres, seria preciso ter aviários, viveiros, jaulas; seria preciso obrigá-los de alguma maneira a permanecerem reunidos à minha volta. Não tenho nem o gosto nem os meios para mantê-los cativos, nem a agilidade necessária para segui-los em seus deslocamentos quando em liberdade. Seria preciso, portanto, estudá-los mortos, despedaçá-los, desossá-los, vasculhar à vontade suas entranhas palpitantes! Que aparato terrível esse anfiteatro anatômico, de cadáveres fétidos, de gotejantes e lívidas carnes, de sangue, de intestinos repugnantes, de esqueletos horríveis, de vapores pestilentos! Não será ali, dou minha palavra, que Jean-Jacques buscará seus passatempos.

Flores brilhantes, campos coloridos, sombras frescas, córregos, pequenos bosques, vegetação, venham purificar minha imaginação manchada por esses objetos hediondos. Minha alma, morta para todos as grandes expressões, agora só pode se comover com os objetos sensíveis; só me restam sensações, e somente através delas a dor ou o prazer podem me atingir nesse mundo. Atraído pelos alegres objetos que me cercam, eu os considero, contemplo, comparo, por fim aprendo a classificá-los, e eis que me torno de repente tão botânico quanto precisa ser aquele que quer estudar a natureza apenas para encontrar sempre novas razões de amá-la.

Não procuro instruir-me: é tarde demais. Aliás, nunca tinha ouvido falar que muita ciência contribuísse para a felicidade da vida. Mas procuro encontrar passatempos doces e simples que possam ser experimentados sem dor e que me distraiam de minhas desgraças. Não tenho gasto ou esforço a fazer para poder vagar com displicência de erva em erva, de planta em planta, para examiná-las, comparar seus diferentes caracteres, determinar suas semelhanças e diferenças, isto é, para observar a organização vegetal de modo a seguir o desenvolvimento e o funcionamento dessas máquinas vivas, para buscar algumas vezes com sucesso suas leis gerais, a razão e a finalidade de suas diversas estruturas e para me entregar ao encanto da admiração reconhecido pela mão que me faz desfrutar de tudo isso.

As plantas parecem ter sido semeadas com profusão sobre a terra, como as estrelas no céu, para convidar o homem, pelo atrativo do prazer e da curiosidade, ao estudo da natureza, mas os astros são colocados longe de nós; é preciso conhecimentos preliminares, instrumentos, máquinas, longuíssimas escadas para alcançá-los e deixá-los a nosso alcance. As plantas o estão por natureza. Nascem sob os nossos pés e em nossa mãos, por assim dizer, e se a pequenez de suas partes as oculta às vezes do simples olhar, os instrumentos que as revelam são de um uso muito mais fácil que os da astronomia. A botânica é o estudo para um ocioso e preguiçoso solitário: uma ponteira e uma lupa são os únicos aparatos de que precisa para observá-las. Ele passeia, vaga livremente de um objeto a outro, passa em revista cada flor com interesse e curiosidade e, assim que começa a apreender as leis de suas estruturas, com facilidade experimenta ao observá-las um prazer tão intenso quanto se fosse muito custoso. Existe, nessa ociosa ocupação, um encanto que só sentimos com a total inatividade das paixões, mas que é suficiente para sozinho tornar a vida feliz e suave; porém, assim que a ele misturamos um toque de interesse ou vaidade, seja para ocupar posições, seja para escrever livros, assim que herborizamos apenas para nos tornarmos autor ou professor, todo esse doce encanto se esvai; passamos a ver nas plantas apenas instrumentos de nossas paixões, não encontramos mais nenhum verdadeiro prazer em seu estudo, não mais queremos saber mas mostrar o que sabemos, e nos bosques ficamos como que num teatro do mundo, ocupados com a ideia de sermos admirados; ou então, limitados à botânica de gabinete e, no máximo, de jardim, em vez de observarmos os vegetais na natureza, apenas nos ocupamos de sistemas e métodos; eterno assunto de discussão que não faz conhecer uma única planta a mais e não joga uma luz verdadeira sobre a história natural e o reino vegetal. Daí os ódios, os ciúmes, que a concorrência pela celebridade provoca nos botânicos autores, tanto ou mais que nos demais cientistas. Desnaturando esse agradável estudo, eles o transplantam para dentro das cidades e academias, onde degenera como as plantas exóticas nos jardins dos colecionadores.

Disposições muito diferentes fizerem desse estudo, para mim, uma espécie de paixão que preenche o vazio de todas aquelas que não tenho mais. Escalo rochedos, montanhas, me embrenho nos vales dos bosques, para me furtar o máximo possível da lembrança dos homens e do alcance dos maus. Parece-me que sob as sombras de uma floresta sou esquecido, livre e tranquilo como se não tivesse mais inimigos ou que a folhagem dos bosques pudesse me defender de seus ataques assim como os afasta de minha lembrança, e imagino, em minha tolice, que ao não pensar neles, não pensarão em mim. Encontro tão grande satisfação nessa ilusão que a ela me entregaria por inteiro se minha condição, minha fraqueza e minhas necessidades o permitissem. Quanto mais a solidão em que vivo é profunda, mais é preciso que algum objeto preencha seu vazio, e aqueles que minha imaginação rejeita ou que minha memória repele são substituídos pelos produtos espontâneos que a terra, não forçada pelos homens, oferece a meus olhos de todos os lados. O prazer de entrar em um deserto para procurar novas plantas encobre o de escapar a meus perseguidores e, chegado ao local onde não vejo sinal dos homens, respiro mais à vontade, como em um refúgio em que seus ódios não mais me persigam.

Lembrarei por toda a minha vida de uma herborização que fiz um dia para os lados da Robaila, montanha do justiceiro Clerc.[39] Estava sozinho, me embrenhava nas fendas da montanha e, de árvore em árvore, de rocha em rocha, cheguei a um nicho tão escondido que nunca vi nada mais selvagem em toda a minha vida. Negros pinheiros entremeados de faias prodigiosas, muitas caídas pela velhice e entrelaçadas umas nas outras, fechavam esse nicho com

---

39. A Robaila ou Robellaz é uma montanha próxima de Môtiers-Travers, comuna do distrito suíço de Val-de-Travers, no cantão de Neuchâtel. O "justiceiro Clerc" era um cirurgião desse mesmo distrito e conhecia um pouco de botânica. (N.T.)

barreiras impenetráveis; alguns intervalos formados nesse sombrio recinto mostravam apenas rochas talhadas a pique e horríveis precipícios que eu só ousava olhar deitado de bruços. O bufo, a coruja e a águia-pescadora faziam ouvir seus gritos nas fendas da montanha; alguns pequenos pássaros raros, mas familiares, atenuavam o horror desse ermo. Ali encontrei a *Dentaria heptaphyllos*, o ciclâmen, o *Nidus avis*, o grande *Laserpitium* e algumas outras plantas que me encantaram e distraíram por muito tempo. Contudo, pouco a pouco, dominado pela forte impressão dos objetos, esqueci a botânica e as plantas, sentei em almofadas de *Lycopodium* e de musgos, comecei a devanear mais à vontade, pensando me encontrar em um refúgio ignorado por todo o universo onde os perseguidores não me descobririam. Um movimento de orgulho logo se combinou a esse devaneio. Eu me comparava aos grandes viajantes que descobrem uma ilha deserta e pensava com complacência: "Sem dúvida, sou o primeiro mortal a chegar até aqui", considerando-me quase um outro Colombo. Enquanto me pavoneava com essa ideia, ouvi, pouco distante de mim, certo tilintar que julguei reconhecer; escuto: o mesmo barulho se repete e se multiplica. Surpreso e curioso me levanto, atravesso um denso matagal para o lado de onde vinha o barulho e, em um pequeno vale, a vinte passos do local onde acreditei ter sido o primeiro a chegar, entrevi uma manufatura de meias.

Não saberia expressar a agitação confusa e contraditória que senti em meu coração com essa descoberta. Meu primeiro movimento foi um sentimento de alegria por me encontrar entre humanos onde antes me julgara totalmente só. Mas esse movimento, mais rápido que um raio, logo deu lugar a um sentimento doloroso mais duradouro, como se nem mesmo nos antros alpinos[40] pudesse escapar às cruéis

---

40. Rousseau sabe estar no Jura, e não nos Alpes, usando a palavra "alpe" (no sentido mais comum e genérico de "lugar elevado") pela impressão causada pelo tipo de montanha. (N.T.)

mãos dos homens, obstinados a me atormentar. Pois tinha certeza de que talvez não houvesse dois homens nessa fábrica que não fossem iniciados no complô de que o predicante Montmollin[41] se fizera chefe e que de muito longe tirava seus motivos originais. Eu me apressei em afastar essa triste ideia e acabei por rir sozinho de minha vaidade pueril e da maneira cômica como fui punido.

Mas quem de fato jamais esperou encontrar uma manufatura em um precipício? Só a Suíça, no mundo, para apresentar essa mistura de natureza selvagem e indústria humana. A Suíça inteira não passa, por assim dizer, de uma grande cidade cujas ruas, mais largas e compridas que a Rue Saint-Antoine, são semeadas de florestas, cortadas por montanhas, e cujas casas esparsas e isoladas se comunicam entre si apenas por jardins ingleses. Lembrei-me, em relação a esse assunto, de outra herborização que Du Peyrou, d'Escherny, o coronel Pury, o justiceiro Clerc e eu havíamos feito há algum tempo na montanha de Chasseron, do alto da qual avistamos sete lagos.[42] Disseram-nos que havia uma única casa sobre essa montanha e, com certeza, não adivinharíamos a profissão daquele que a habitava se não tivessem acrescentado que se tratava de um livreiro, que inclusive fazia bons negócios na região. Parece-me que um único fato como esse faz compreendermos melhor a Suíça que todas as descrições dos viajantes.

Eis outro da mesma natureza, ou quase, que não menos permite conhecer um povo bastante diferente. Durante minha estada em Grenoble, várias vezes fiz pequenas herborizações fora da cidade com o senhor Bovier, advogado dessa região, não porque ele gostasse ou soubesse de botânica, mas porque, em se fazendo meu

---

41. O "predicante Montmollin" era o pastor de Môtiers que, incitado pelos inimigos de Rousseau, provocara a lapidação citada na Quinta caminhada. (N.T.)

42. Ao que consta, o pico em questão não é o Chasseron, mas o Chasseral, também no Jura. (N.T.)

garde de la manche[43], procurava, tanto quanto possível, me acompanhar por toda parte. Um dia, passeávamos ao longo do Isère[44], em um local cheio de salgueiros espinhosos. Vi nesses arbustos frutos maduros, tive a curiosidade de experimentá-los e, descobrindo neles uma acidez muito agradável, comecei a comer esses grãos para me refrescar; o senhor Bovier se mantinha a meu lado, sem me imitar e sem nada dizer. Um de seus amigos chegou e, ao me ver mordiscar os grãos, disse: "Ei, senhor, o que está fazendo? Não sabe que esse fruto envenena?". "Envenena?", exclamei surpreso. "Sem dúvida", retomou ele, "e todo mundo sabe disso tão bem que ninguém na região pensa em prová-lo". Olhei para o senhor Bovier e disse: "Por que o senhor não me avisou?". "Ah, senhor", respondeu ele em um tom respeitoso, "não ousei tomar essa liberdade". Comecei a rir dessa humildade delfinesa, interrompendo minha pequena refeição. Estava convencido, como ainda continuo, de que qualquer produção natural agradável ao gosto não pode ser nociva ao corpo, ou o é apenas quando em excesso. No entanto, confesso que observei um pouco a mim mesmo pelo resto do dia: senti apenas um pouco de inquietude; jantei muito bem, dormi melhor ainda e levantei pela manhã em perfeita saúde, depois de ter comido na véspera quinze ou vinte frutas desse terrível *Hippophae*, que envenena em pequeníssimas doses, segundo todos me disseram no dia seguinte em Grenoble. Essa aventura me pareceu tão divertida que nunca me recordo dela sem rir da singular discrição do senhor advogado Bovier.

Todas as minhas caminhadas botânicas, as diversas impressões da localização dos objetos que me chamaram a atenção, as ideias que me provocaram, os incidentes a eles

---

43. Guarda da primeira companhia da guarda pessoal do rei. (N.T.)

44. Rio do sudeste da França que passa pela cidade de Grenoble, no departamento também chamado Isère, na antiga província do Dauphiné ou Delfinado, cujo habitante é chamado delfinês. (N.T.)

ligados, tudo isso me deixou impressões que se renovam quando vejo plantas herborizadas nesses mesmos locais. Não voltarei a ver essas belas paisagens, essas florestas, esses lagos, esses bosques, esses rochedos, essas montanhas, cuja visão sempre tocou meu coração: mas agora, que não posso mais correr por essas felizes regiões, basta abrir meu herbário para que ele logo me transporte para elas. Os fragmentos das plantas que lá colhi são suficientes para me recordar todo aquele magnífico espetáculo. Esse herbário é, para mim, um diário de herborizações que me faz retomá-las com novo encanto e que produz o efeito de um aparelho óptico que as oferecesse mais uma vez a meus olhos.

É a cadeia de ideias acessórias que me liga à botânica. Ela traz e lembra à minha imaginação todas as ideias que mais a deleitam. Os campos, as águas, os bosques, a solidão, sobretudo a paz e o repouso que encontramos em meio a tudo isso, são incessantemente revividos por ela em minha memória. Ela me faz esquecer as perseguições dos homens, seu ódio, seu desprezo, seus ultrajes e todos os males com que recompensaram minha terna e sincera afeição por eles. Ela me transporta para habitações tranquilas em meio a pessoas simples e boas, como aquelas com as quais vivi outrora. Ela me lembra não só de minha juventude, como também de meus inocentes prazeres, me faz vivê-los mais uma vez e me deixa feliz ainda muitas vezes em meio à mais triste sina jamais vivida por um mortal.

Oitava caminhada

Meditando sobre as disposições de minha alma em todas as situações de minha vida, fico impressionado ao extremo em ver tão pouca proporção entre as diversas combinações de meu destino e os sentimentos habituais de bem ou mal-estar com que fui afetado. Os diversos intervalos de minhas breves prosperidades não me deixaram quase nenhuma lembrança agradável na maneira íntima e constante com que me afetaram e, ao contrário, em todas as misérias de minha vida sempre me senti invadido por sentimentos ternos, comoventes, encantadores, que, vertendo um bálsamo salutar sobre as feridas de meu coração aflito, pareciam converter a dor em prazer, cuja amável lembrança é a única a voltar, livre da recordação dos males que ao mesmo tempo sentia. Parece-me que mais provei a doçura da existência, que de fato mais vivi, quando meus sentimentos comprimidos, por assim dizer, em torno de meu coração por meu destino não iam para fora se dissipar sobre todos os objetos estimados pelos homens, que merecem tão pouco por si mesmos e que constituem a única ocupação das pessoas que acreditamos felizes.

Quando tudo a meu redor estava em ordem, quando estava satisfeito com tudo o que me rodeava e com a esfera na qual vivia, eu preenchia com minhas afeições. Minha alma expansiva se estendia sobre outros objetos e, sempre atraído para longe de mim por gostos de mil tipos, por apegos agradáveis que constantemente ocupavam meu coração, esquecia-me de certa forma de mim mesmo, voltava-me por inteiro ao que me era estranho e experimentava na contínua agitação de meu coração toda a vicissitude das coisas humanas. Essa vida tempestuosa não me deixava nem paz por dentro, nem quietude por fora. Feliz na aparência, não tive um sentimento que pudesse suportar a prova da reflexão e no qual pudesse de fato me comprazer. Nunca me sentia de todo contente, nem com os outros, nem comigo mesmo. O tumulto do mundo me aturdia, a solidão me aborrecia, precisava sempre mudar de lugar e não me sentia bem em nenhum. No entanto, era celebrado, benquisto, bem-recebido, bem-tratado em toda parte. Não tinha nenhum inimigo, nenhum mal-intencionado, nenhum invejoso. Como procuravam ser prestativos comigo, muitas vezes eu mesmo tinha o prazer de ser prestativo para com muitas pessoas, e sem bens, sem emprego, sem protetores, sem grandes talentos desenvolvidos ou conhecidos, gozava das vantagens ligadas a tudo isso e não via ninguém em alguma situação cuja sorte me parecesse preferível à minha. O que faltava para ser feliz, portanto, desconheço, mas sei que não o era.

O que me falta hoje para ser o mais desafortunado dos mortais? Nada de tudo o que os homens puderam contribuir para tal. Pois bem, nem mesmo nesse estado deplorável eu trocaria de condição e de destino com o mais afortunado dentre eles e prefiro muito mais ser eu mesmo em toda a minha miséria a ser alguma dessas pessoas em toda a sua prosperidade. Reduzido a mim mesmo, eu me nutro, é verdade, de minha própria substância, mas ela não se esgota, e basto a mim mesmo apesar de ruminar, por assim dizer, no vazio, e apesar de minha imaginação esgotada e minhas ideias apagadas não mais fornecerem alimentos a meu coração. Minha alma ofuscada, obstruída por meus órgãos, se abate a cada dia e, sob o peso dessas pesadas cargas, não tem mais vigor suficiente para se lançar como antes para fora de seu velho envoltório.

É a esse voltar para si mesmo que nos força a adversidade e talvez seja isso que a torne mais insuportável para a maioria dos homens. Para mim, que encontro apenas faltas de que me censurar, acuso minha fraqueza e me consolo, pois nunca um mal premeditado frequentou meu coração.

No entanto, a menos que seja estúpido, como contemplar por um momento minha situação sem vê-la tão horrível quanto a tornaram, sem perecer de dor e desespero? Longe disso, eu, o mais sensível dos seres, contemplo-a e não me comovo; e sem combates, sem esforços sobre mim mesmo, me vejo quase que com indiferença num estado em que talvez nenhum outro homem suportasse se ver sem pavor.

Como cheguei a isso? Pois estive muito longe dessa disposição pacífica quando da primeira suspeita do complô no qual estava enlaçado há bastante tempo sem percebê-lo de modo algum. Essa descoberta me transtornou. A infâmia e a traição me surpreenderam desprevenido. Que alma honesta está preparada para esse tipo de sofrimento? Seria preciso merecê-los para poder prevê-los. Caí em todas as armadilhas que colocaram sob meus passos; a indignação, a fúria, o delírio tomaram conta de mim, perdi a cabeça, minha mente se transtornou e, nas trevas horríveis onde não cessaram de me mergulhar, não mais entrevi claridade para me guiar, nem apoio ou suporte em que pudesse me segurar com firmeza e resistir ao desespero que me arrastava.

Como viver feliz e tranquilo nesse estado horrível? Continuo nele, no entanto, mais mergulhado do que nunca, porém encontrei a calma e a paz e vivo feliz e tranquilo, rindo dos incríveis tormentos que têm meus perseguidores em vão, enquanto continuo em paz, entretido com flores, estames e criancices, e nem mesmo penso neles.

Como se deu essa passagem? De maneira natural, imperceptível e livre de dificuldades. Eu, que me sentia digno de amor e estima, que me julgava reverenciado, querido como mereceria ser, de repente me vi transformado em um monstro tenebroso como nunca se viu. Vejo toda uma geração se lançar por inteiro nessa estranha opinião, sem explicações, sem dúvidas, sem vergonha e sem que eu possa ao menos conseguir saber a causa dessa estranha revolução. Eu me debati com violência e, com isso, mais me enredei. Quis forçar meus perseguidores a se explicarem comigo, mas eles não tinham a mínima intenção de fazê-lo. Depois de me atormentarem por muito tempo sem sucesso, precisaram tomar fôlego. Enquanto isso, continuei esperando, pensando comigo mesmo que uma cegueira tão estúpida, uma desconfiança tão absurda não poderia atingir todo o gênero humano. Existem homens sensatos que não partilham desse delírio, e existem almas justas que detestam os velhacos e os traidores. Procuremos, encontrarei talvez um homem; se o encontrar, se sentirão confusos. Procurei em vão, não o encontrei. A aliança é universal, sem exceções, definitiva, e tenho certeza de terminar meus dias nessa horrenda proscrição, sem jamais entender seu mistério.

Foi nesse estado deplorável que, depois de longas angústias, em vez do desespero que parecia ser por fim meu quinhão, encontrei a serenidade, a tranquilidade, a paz, a própria felicidade, pois cada dia de minha vida me lembro com prazer do anterior e não desejo nenhum outro para o amanhã.

De onde vem essa diferença? De uma única coisa. Aprendi a carregar o fardo da inevitabilidade sem queixas. Eu me esforcei para ainda me interessar por mil coisas e, como todas essas conquistas aos poucos me escaparam, reduzido apenas a mim mesmo, por fim recuperei minha estabilidade. Pressionado por todos os lados, permaneço em equilíbrio, porque, não me apegando a mais nada, só me apoio em mim mesmo.

Quando me erguia com tanto ardor contra a opinião pública, sem perceber ainda carregava seu fardo. Queremos ser estimados pelas pessoas que estimamos;

e, enquanto julguei de maneira favorável os homens, ou pelo menos alguns homens, seus julgamentos sobre mim não me poderiam ser indiferentes. Via que muitas vezes os julgamentos do público são equânimes, mas não via essa própria equanimidade depender de cada caso; que as regras sobre as quais os homens baseiam suas opiniões são tiradas apenas de suas paixões ou de seus preconceitos, que são obras delas e que, mesmo quando julgam bem, ainda assim esses bons julgamentos nascem muitas vezes de um mau princípio, como quando fingem louvar o mérito de um homem em algum sucesso, não por espírito de justiça, mas para se darem ares de imparciais, caluniando à vontade esse mesmo homem em outros aspectos.

No entanto, quando vi, depois de longas e vãs buscas, todos permanecerem, sem exceção, no mais iníquo e absurdo sistema que um espírito infernal pôde inventar; quando vi que, em relação a mim, a razão fora banida de todas as mentes e a equidade de todos os corações; quando vi uma geração frenética se entregar por inteiro ao cego furor de seus guias contra um desventurado que nunca fez, desejou ou devolveu o mal a ninguém; quando, depois de em vão procurar um homem, precisei apagar por fim minha lanterna[45] e exclamar: "Não há mais nenhum!"; nesse momento comecei a me ver sozinho sobre a terra e entendi que meus contemporâneos eram para comigo seres mecânicos que agiam por impulso e cujas ações eu só podia calcular pelas leis do movimento. Qualquer intenção, qualquer paixão que tivesse suposto em suas almas jamais teria explicado sua conduta em relação a mim de uma maneira que pudesse compreendê-la. Foi assim que suas disposições interiores deixaram de significar alguma coisa para mim. Passei a ver neles não mais que massas amorfas diversas, desprovidas para comigo de qualquer moralidade.

---

45. Alusão à lanterna de Diógenes (413 a.C.-327 a.C.), filósofo grego que era visto com uma lanterna em plena luz do dia, procurando um homem honesto. (N.T.)

Em todos os males que nos acontecem, olhamos mais para a intenção do que para o efeito. Uma telha que cai de um teto pode nos machucar muito, mas não nos fere mais que uma pedra atirada de propósito por uma mão maldosa. O golpe às vezes erra o alvo, mas a intenção nunca o perde. A dor física é a que menos sentimos nos golpes da sorte, e quando os desafortunados não sabem a quem culpar por suas desgraças, culpam o destino, que personificam e a que emprestam olhos e inteligência para atormentá-los de propósito. É assim que um jogador desapontado com suas perdas se enfurece, sem saber contra quem. Ele imagina uma sina que o persegue de propósito para atormentá-lo e, encontrando alimento à sua cólera, se excita e inflama contra o inimigo que criou para si. O homem sensato que vê em todas as desgraças que lhe acontecem apenas os golpes da cega fatalidade não tem essas agitações insensatas; grita em sua dor, mas sem exaltação, sem cólera; sente do mal de que é vítima apenas o alcance físico; os golpes que o atingem podem ferir sua pessoa, mas nenhum consegue chegar a seu coração.

É muito chegar até esse ponto, mas não basta parar aí. É bom ter cortado o mal, mas é ter deixado a raiz. Pois essa raiz não está nos seres que nos são estranhos, ela está em nós mesmos, e é ali que é preciso trabalhar para arrancá-la de todo. Eis o que senti assim que comecei a voltar a mim. Como minha razão me mostrava apenas absurdos em todas as explicações que busquei dar ao que me acontecia, entendi que, como as causas, os instrumentos, os meios de tudo isso me eram desconhecidos e inexplicáveis, deveriam ser inúteis para mim. Que devia considerar todos os detalhes de meu destino como atos de pura fatalidade para os quais não devia supor direção, intenção ou causa moral, aos quais era preciso me submeter sem raciocinar e sem resistir, pois isso seria inútil; que como tudo o que ainda precisava fazer sobre a terra era me considerar um ser passivo, não devia procurar resistir inutilmente a meu destino com a força que me restava para suportá-lo. Eis o que disse a mim mesmo. Minha razão e meu coração assentiam, no entanto ainda sentia esse coração murmurar. De onde vinha esse murmúrio? Procurei-o, encontrei-o; ele vinha do amor-próprio que, depois de se indignar contra os homens, ainda se erguia contra a razão.

Essa descoberta não foi tão fácil de fazer como se poderia acreditar, pois um inocente perseguido considera, por muito tempo, como puro amor pela justiça o orgulho de sua pequena pessoa. Contudo, ao mesmo tempo, uma vez conhecida a verdadeira fonte, é fácil cessá-la ou pelo menos desviá-la. A estima de si mesmo é o maior motor das almas altivas; o amor-próprio, fértil em ilusões, se disfarça e se faz passar por essa estima, porém, quando a fraude por fim é descoberta e o amor-próprio não mais pode se esconder, não precisa ser temido e, apesar de sufocado com dificuldade, pelo menos é dominado com facilidade.[46]

Nunca tive muita inclinação ao amor-próprio, mas essa paixão artificial se exaltara em mim na sociedade e sobretudo quando fui autor; talvez tivesse menos que outros, mas tinha de forma prodigiosa. As terríveis lições que recebi logo o encerraram em seus limites originais; ele começou por se revoltar contra essa injustiça, mas acabou por desdenhá-la. Ao se debruçar sobre minha alma e ao cortar as relações externas que o tornam exigente, ao renunciar às comparações e às preferências, ele se contentou que eu fosse bom para mim; então, voltando a ser amor por mim mesmo, retornou à ordem da natureza e me libertou do jugo da opinião pública.

Depois disso, reencontrei a paz de espírito e quase a felicidade. Em qualquer situação em que nos encontremos, é sempre por causa dele que ficamos infelizes. Quando ele

---

46. Essa distinção entre amor-próprio e amor de si é bastante desenvolvida no primeiro diálogo de *Rousseau juiz de Jean-Jacques*. (N.T.)

se cala e a razão fala, esta enfim nos consola de todos os males que ele não pôde nos evitar. Ela inclusive os aniquila, enquanto não agirem de maneira imediata sobre nós, pois estaremos certos de evitar seus golpes mais pungentes deixando de nos preocupar com eles. Nada são para aquele que não pensa neles. As ofensas, as vinganças, os prejuízos, os ultrajes e as injustiças nada são para aquele que vê nos males que aguenta apenas o próprio mal e não a intenção, para aquele cujo lugar não depende, em sua própria estima, daquela que compraz aos outros conceder-lhe. Seja como for que os homens queiram me ver, não poderiam mudar meu ser e, apesar de seus poderes e apesar de todas as suas surdas intrigas, não importa o que façam, continuarei a ser o que sou, apesar deles. É verdade que suas disposições para comigo influenciam minha situação real; a barreira que colocaram entre mim e eles me tira qualquer recurso de subsistência e assistência em minha velhice e em minhas necessidades. Ela me torna até mesmo o dinheiro inútil, pois este não pode me proporcionar os serviços que me são necessários, não existe mais troca nem socorro mútuo, nem correspondência entre mim e eles. Sozinho no meio deles, tenho apenas a mim mesmo como recurso, e esse recurso é bastante fraco na minha idade e no estado em que me encontro. Esses males são grandes, mas perderam para mim toda força depois que soube suportá-los sem me irritar. Os pontos em que a verdadeira necessidade se faz sentir são sempre raros. A antecipação e a imaginação os multiplicam, e é através dessa continuidade de sentimentos que nos inquietamos e nos tornamos infelizes. Quanto a mim, por mais que saiba que sofrerei amanhã, basta não sofrer hoje para estar tranquilo. Não sou afetado pelo mal que antevejo, apenas por aquele que sinto, e isso o reduz a pouca coisa. Sozinho, doente e abandonado em meu leito, posso nele morrer de indigência, de frio e de fome sem que ninguém se incomode. Mas que importa, se eu mesmo não me incomodo e se me preocupo tão pouco quanto os demais com meu destino, seja ele qual for? Não será nada, sobretudo na minha idade, ter aprendido a ver a vida e a morte, a doença e a saúde, a riqueza e a miséria, a glória e a difamação com a mesma indiferença? Todos os outros velhos se preocupam com tudo; eu não me preocupo com nada; o que quer que possa acontecer, tudo me é indiferente, e essa indiferença não é obra de minha sabedoria, é obra de meus inimigos. Aprendamos, portanto, a tirar essas vantagens, como compensação aos males que me fazem. Ao me tornar insensível à adversidade, me fazem mais bem do que se tivessem me poupado de seus golpes. Se não a experimentasse, poderia ainda temê-la, ao passo que dominando-a não a temo mais.

Essa disposição me entrega à incúria de minha natureza, durante os reveses de minha vida, quase tão completamente quanto se vivesse na mais plena prosperidade. Com exceção dos breves momentos em que sou lembrado pela presença dos objetos, das mais dolorosas inquietações. Durante todo o resto do tempo, entregue por minhas inclinações às afeições que me atraem, meu coração ainda se alimenta de sentimentos para os quais nasceu, e deles gozo com os seres imaginários que os produzem e que os compartilham como se existissem de verdade. Existem para mim que os criou, e não temo que me traiam nem que me abandonem. Durarão tanto quanto minhas desgraças e bastarão para me fazer esquecê-las.

Tudo me leva de volta à vida feliz e doce para a qual nasci. Passo a maior parte de minha vida ocupado com objetos instrutivos e também agradáveis aos quais entrego com prazer meu espírito e meus sentidos, ou com os filhos de minhas fantasias que criei segundo meu coração e que alimentam seus sentimentos, ou apenas sozinho, satisfeito comigo mesmo e pleno da alegria que sinto me ser devida. Em tudo isso, o amor por mim mesmo age, o amor-próprio não se manifesta em nada. Não é o caso dos tristes momentos que ainda passo em meio aos homens, joguete de suas lisonjas traidoras, de seus elogios empolados e irrisórios, de suas melosas maldades. Seja como for que tenha agido, o amor-próprio entra em ação. O ódio e a animosidade que vejo em seus corações, através desse grosseiro envoltório, dilaceram o meu de dor; e a ideia de ser assim enganado acrescenta a essa dor um despeito bastante pueril, fruto de um tolo amor-próprio cuja besteira sinto, mas que não consigo dominar. Os esforços que fiz para me acostumar a esses olhares insultuosos e gozadores são inacreditáveis. Cem vezes passei pelos passeios públicos e pelos locais mais frequentados com o único propósito de me habituar a esses cruéis abusos; não apenas não consegui como inclusive nada avancei, e todos os meus penosos, porém vãos, esforços me tornaram tão fácil de perturbar, magoar, indignar quanto antes.

Dominado por meus sentidos no que quer que fizesse, nunca soube resistir a suas impressões e, enquanto o objeto agir sobre eles, meu coração não deixará de ser afetado, mas essas emoções passageiras duram apenas enquanto dura a sensação que as causa. A presença do homem rancoroso me afeta violentamente, mas assim que ele desaparece a emoção cessa; no momento em que não o vejo, não penso mais nele. Por mais que eu saiba que se ocupará de mim, não poderia ocupar-me dele. O mal que não sinto hoje em dia não me afeta de forma alguma; o perseguidor que não vejo é inexistente para mim. Sinto a vantagem que essa posição concede àqueles que dispõem de meu destino. Que disponham dele, portanto, à sua total vontade. Prefiro que me atormentem sem resistência a ser forçado a pensar neles para me defender de seus golpes.

Essa ação de meus sentidos sobre meu coração constitui o único tormento de minha vida. Nos dias em que não vejo ninguém, não penso em meu destino, não o sinto, não sofro, sou feliz e contente, sem distração e sem obstáculo. Mas raras vezes escapo a algum golpe sensível e, quando menos espero, um gesto, um olhar sinistro percebido, uma palavra envenenada entreouvida, um mal-intencionado encontrado bastam para me transtornar. A única coisa que posso fazer em semelhante caso é esquecer bem rápido e fugir. O tormento de meu coração desaparece junto com o objeto que o causou, e volto para a calma assim que me encontro sozinho. Ou, se algo me inquieta, é o temor de encontrar em meu caminho algum novo motivo de dor. Este é meu único desgosto, mas basta para alterar minha felicidade. Moro em plena Paris. Ao sair de minha casa, anseio pelo campo e pela solidão, mas é preciso procurá-los tão longe que, antes de poder respirar à vontade, encontro em meu caminho milhares de objetos que me apertam o coração, e a metade do dia se passa em meio a angústias antes que eu chegue ao refúgio que busco. Fico feliz quando pelo menos me deixam concluir meu percurso. O momento em que escapo ao cortejo dos maus é delicioso, e assim que me vejo sob as árvores, no meio da vegetação, creio me encontrar no paraíso terrestre e experimento um prazer interno tão intenso quanto se fosse o mais feliz dos mortais.

Lembro-me perfeitamente que, durante meus breves períodos de prosperidade, essas mesmas caminhadas solitárias que hoje me são tão deliciosas me eram insípidas e entediantes. Quando estava na casa de alguém no campo, a necessidade de me exercitar e de respirar o ar livre me fazia muitas vezes sair sozinho e, me escapando como um ladrão, ia caminhar no parque ou no campo; porém, longe de encontrar a tranquilidade feliz que experimento hoje, para lá levava a agitação das vãs ideias que haviam me ocupado no salão; a lembrança da companhia que lá deixara me seguia na solidão; os vapores do amor-próprio e o tumulto da sociedade desbotavam a meus olhos o frescor dos bosquedos e perturbavam a paz do retiro. Por mais que fugisse para dentro dos bosques, uma multidão inoportuna me seguia por todos os lados e encobria toda a natureza. Apenas depois de ter me desligado das paixões sociais e de seu triste cortejo é que a reencontrei com todos os seus encantos.

Convencido da impossibilidade de conter esses primeiros movimentos involuntários, cessei todos os meus esforços para tanto. Deixo a cada golpe meu sangue se inflamar, a cólera e a indignação se apoderarem de meus sentidos; cedo à natureza essa primeira explosão que nem todas as minhas forças juntas poderiam parar ou suspender. Trato apenas de interromper sua continuação antes que produzam algum efeito. Os olhos faiscantes, o ardor do rosto, o tremor dos membros, as sufocantes palpitações, tudo isso diz respeito ao físico, e a razão nada pode; contudo, depois de deixar ao natural essa primeira explosão acontecer, podemos voltar a ser nossos próprios mestres, retomando pouco a pouco nossos sentidos; é o que tratei de fazer por muito tempo sem sucesso, mas por fim com mais acerto. E cessando de empregar minha força em resistências vãs, aguardo o momento de vencer deixando minha razão agir, pois ela só fala comigo quando pode se fazer ouvir. Mas, o que digo, ai!, minha razão? Seria um grande erro ainda lhe atribuir a honra desse triunfo, pois nada tem com isso. Tudo decorre de um temperamento versátil que é agitado por um vento impetuoso, mas que volta à calma assim que o vento para de soprar. É minha natureza inflamada que me agita, é minha natureza indolente que me apazigua. Cedo a todos os impulsos existentes; todo choque provoca em mim um movimento intenso e breve; assim que cessa o choque, o movimento cessa, e nada que passou pode se prolongar em mim. Todos os acontecimentos do acaso, todas as máquinas da humanidade têm pouco poder sobre um homem assim constituído. Para me atingir com dores duradouras, seria preciso que a impressão se renovasse a cada instante, pois os intervalos, por mais breves que sejam, bastam para me devolver a mim mesmo. Estou à mercê dos homens enquanto puderem agir sobre meus sentidos; porém, no primeiro instante de descanso, volto a ser aquilo que a natureza quis; este, não importa o que façam, é meu estado mais constante e aquele através do qual, apesar de meu destino, experimento uma felicidade para a qual me sinto criado. Descrevi esse estado em um de meus devaneios.[47] Ele me é tão conveniente que não desejo outra coisa além de sua continuidade e só temo vê-lo perturbado. O mal que os homens me fizeram não me afeta de maneira alguma; apenas o temor daquele que ainda podem me fazer é capaz de me agitar; no entanto, certo de que não têm novo poder através do qual possam me afetar de forma permanente, rio de todas as suas tramas e gozo de mim mesmo apesar deles.

---

47. A Quinta caminhada. (N.T.)

Nona caminhada

A felicidade é um estado permanente que não parece feito para o homem neste mundo. Tudo na terra está em um fluxo contínuo que não permite a nada assumir uma forma constante. Tudo muda à nossa volta. Nós mesmos mudamos, e ninguém pode garantir que amará amanhã aquilo que ama hoje. Assim, todos os nossos projetos de felicidade nessa vida são ilusões. Aproveitemos o contentamento do espírito quando ele ocorre; evitemos afastá-lo por erro nosso, mas não façamos projetos para acorrentá-lo, pois tais projetos são puras tolices. Vi poucos homens felizes, talvez nenhum, mas muitas vezes vi corações contentes, e de todos os objetos que me marcaram este é o que por minha vez mais me contentou. Creio que se trata de uma decorrência natural do poder das sensações sobre meus sentimentos internos. A felicidade não apresenta sinais externos; para conhecê-la, seria preciso ler o coração do homem feliz; porém, o contentamento pode ser lido nos olhos, na postura, no tom, no andar, e parece ser comunicado àquele que o percebe. Haverá prazer mais doce que ver um povo inteiro se entregar à alegria em dias de festa e todos os corações se iluminarem aos raios expansivos do prazer que passa de maneira rápida, mas intensa, pelas nuvens da vida?

Faz três dias que o senhor P.[48] veio com uma pressa extraordinária me mostrar o elogio da senhora Geoffrin

---

48. Talvez se trate do genebrino Pierre Prévost (1751-1839), que fez frequentes visitas a Rousseau nos últimos meses de sua vida. (N.T.)

escrito pelo senhor D'Alembert.[49] A leitura foi precedida por longas e grandes gargalhadas sobre a ridícula afetação de novidade da obra e sobre os brincalhões jogos de palavras de que dizia estar recheada. Ele começou a ler, sempre rindo, mas escutei com uma seriedade que o acalmou e, vendo que ainda não o imitava, parou por fim de rir. A parte mais longa e mais rebuscada dessa obra versava sobre o prazer que a senhora Geoffrin sentia em ver crianças e fazê-las conversar. O autor retirava com razão dessa disposição a prova de uma natureza bondosa. Mas não parava aí e, de maneira firme, acusava de natureza má e maldade todos aqueles que não tinham o mesmo gosto, a ponto de dizer que, se fossem interrogados aqueles que são levados à forca ou ao suplício da roda, concordaríamos que não haviam amado as crianças. Essas asserções surtiam um efeito singular no lugar onde se encontravam. Supondo tudo isso verdade, seria esse o momento de dizê-lo, e seria preciso macular o elogio de uma mulher respeitável com imagens de suplício e malfeitores? Entendi sem dificuldade o motivo dessa atribuição grosseira e quando o senhor P. terminou de ler, destacando o que me parecera bom no elogio, acrescentei que o autor, ao escrever, tinha no coração menos amizade do que ódio.

No dia seguinte, como o tempo estivesse bastante bom, apesar de frio, fui fazer um passeio até a Escola Militar, esperando encontrar musgos em flor. No caminho, devaneava sobre a visita da véspera e sobre o escrito do senhor D'Alembert, quando pensei que o excerto episódico não fora utilizado sem propósito, e a própria atribuição de me trazer essa brochura, a mim que tudo escondem, me dizia bastante sobre sua finalidade. Havia colocado meus filhos

---

49. Madame Geoffrin (1699-1777) recebia no salão de seu palacete, em Paris, intelectuais, letrados e artistas, como Diderot, Voltaire e D'Alembert. Este último publicou um elogio a ela em sua *Carta a Condorcet* em 1777. (N.T.)

no Enfants-Trouvés[50], o que era suficiente para me transformar em pai desnaturado; e, a partir disso, ampliando e alimentando essa ideia, aos poucos tiraram a consequência evidente de que eu odiava as crianças; ao seguir com o pensamento o encadeamento dessas gradações, admirei a arte com que o engenho humano sabe transformar as coisas de branco em preto. Pois não creio que jamais homem algum tenha amado mais do que eu ver criancinhas brincando e se divertindo juntas, e muitas vezes na rua e durante as caminhadas me paro a olhar suas travessuras e seus pequenos jogos com um interesse do qual não vejo ninguém partilhar. No mesmo dia em que o senhor P. chegou, uma hora antes de sua visita eu tivera a de dois pequenos Du Soussoi, os filhos mais jovens de meu anfitrião, cujo mais velho deve ter sete anos: tinham vindo me beijar com tão bom coração e lhes devolvera os agrados com tanta ternura que, apesar da diferença de idade, tinham parecido sinceramente gostar de mim, e quanto a mim fiquei muito satisfeito de ver que minha velha figura não os repelira. O mais novo inclusive parecia voltar até mim de maneira tão espontânea que, mais criança do que eles, me senti afeiçoado a ele por preferência e o vi partir com tanto pesar quanto se fosse meu.

Entendo que a censura por ter colocado meus filhos no Enfants-Trouvés logo tenha degenerado, com um pouco de construção, na de ser um pai desnaturado e de odiar as crianças. No entanto, é certo que foi o receio de um destino mil vezes pior para eles e quase inevitável por qualquer outra via o que mais me determinou nessa atitude. Tivesse sido mais indiferente sobre o que se tornariam, e sem condições de criá-los por mim mesmo, seria necessário, em minha situação, deixar que fossem criados por sua mãe, que os teria mimado, e por sua família, que deles teria feito monstros. Ainda tremo ao pensar nisso. Aquilo que

---

50. O Hôpital des Enfants-Trouvés era uma instituição de caridade que recolhia e recebia crianças abandonadas, equivalente à Roda dos Expostos. (N.T.)

Maomé fez com Séide[51] não é nada perto do que teriam feito com eles, por minha causa, e as armadilhas que me armaram a esse respeito mais tarde confirmam o suficiente que esse projeto fora elaborado. Na verdade, estava longe de prever essas tramas atrozes, mas sabia que a educação menos perigosa para eles seria a dos Enfants-Trouvés e lá os coloquei. Faria isso de novo com bem menos dúvidas, se preciso fosse, e sei muito bem que nenhum pai é mais terno do que eu teria sido para eles, por menos que o hábito tenha ajudado minha natureza.

Se fiz algum progresso no conhecimento do coração humano, foi o prazer que tinha em ver e observar as crianças que me valeu esse conhecimento. Esse mesmo prazer, em minha juventude, apresentou uma espécie de obstáculo, pois brincava com as crianças com tanta alegria e tão bom coração que não pensava muito em estudá-las. Mas vendo, ao envelhecer, que minha figura caduca os inquietava, me abstive de importuná-los e preferi me privar de um prazer a perturbar sua alegria; contente de me satisfazer olhando seus jogos e todas as suas pequenas manobras, encontrei a compensação de meu sacrifício nas luzes que essas observações me fizeram adquirir sobre os primeiros e verdadeiros movimentos da natureza que nenhum de nossos sábios conhecia. Consignei em meus escritos a prova de que me ocupara dessa pesquisa com cuidado suficiente para não tê-la feito com prazer, e certamente seria a coisa mais inacreditável do mundo que a *Heloísa* e o *Emílio* fossem obras de um homem que não amasse as crianças.[52]

Nunca tive presença de espírito ou facilidade para falar; porém, desde que começaram meus infortúnios, minha língua e minha mente cada vez mais se atrapalham.

---

51. Personagens da peça *O fanatismo, ou Maomé o profeta*, de Voltaire. Seide é o jovem escravo de Maomé sequestrado desde a infância. (N.T.)

52. *A nova Heloísa* e *Emílio, ou Da educação*, obras de Rousseau que, entre outras questões, abordam a educação infantil. (N.T.)

A ideia e a palavra adequada também me escapam, e nada exige melhor discernimento e uma escolha de expressões mais exata do que as coisas que dizemos às crianças. O que aumenta ainda mais essa dificuldade é a atenção desses ouvintes, as interpretações e o peso que dão a tudo que parte de um homem que, tendo escrito expressamente a favor das crianças, é posto no dever de falar a elas por oráculos. Esse incômodo extremo e a inaptidão que sinto me perturba, me desconcerta, e eu ficaria muito mais à vontade diante de um monarca da Ásia do que diante de uma criancinha com quem precisasse tagarelar.

Um outro inconveniente me mantém agora mais afastado delas e, depois de meus infortúnios, continuo vendo-as com o mesmo prazer, mas não tenho mais a mesma familiaridade. As crianças não gostam da velhice; o aspecto da natureza decadente é hediondo a seus olhos, a repugnância que nelas percebo me entristece; e prefiro me abster de acariciá-las a provocar incômodo ou aversão. Esse motivo, que só age sobre as almas de fato amorosas, inexiste em todos os nossos eruditos e eruditas. A senhora Geoffrin preocupava-se bem pouco que as crianças tivessem prazer com ela, desde que tivesse com eles. Mas, para mim, esse prazer é pior do que nada, é negativo quando não compartilhado, e não estou mais na situação nem na idade em que via o pequeno coração de uma criança se iluminar junto com o meu. Se isso ainda pudesse acontecer, esse prazer que se tornou raro seria ainda mais intenso; experimentei-o na outra manhã quando acarinhei os pequenos Du Soussoi, não apenas porque a criada que os conduzia não me intimidava muito e senti menos necessidade de me conter diante dela, mas também porque o ar jovial com que me abordaram não os abandonou, e não pareceram se aborrecer ou entediar comigo.

Oh!, se ainda tivesse alguns momentos de carinhos puros que viessem do coração, nem que de uma criança ainda de *jaquette*[53], se ainda pudesse ver em alguns olhos a alegria e o contentamento de estar comigo, de quantos males e sofrimentos não me compensariam essas breves, embora doces, efusões de meu coração? Ah!, não seria obrigado a procurar entre os animais o olhar de benevolência que me é agora negado entre os humanos. Posso julgá-lo com base em poucos exemplos, mas sempre caros à minha lembrança. Aqui está um que em qualquer outro estado teria quase esquecido e cuja impressão causada em mim demonstra muito bem toda minha miséria. Há dois anos, tendo ido passear para os lados da Nouvelle-France[54], fui mais longe e depois, tomando a esquerda e querendo andar por Montmartre, atravessei a aldeia de Clignancourt. Caminhava distraído e sonhador, sem olhar à minha volta, quando de repente senti segurarem meus joelhos. Olho e vejo uma criança de cinco ou seis anos que apertava meus joelhos com toda a sua força, me olhando com um ar tão familiar e tão carinhoso que minhas entranhas se comoveram e pensei: "É assim que teria sido tratado pelos meus". Peguei a criança em meus braços, beijei-a várias vezes numa espécie de transe e depois continuei meu caminho. Senti ao caminhar que alguma coisa faltava, uma necessidade crescente me trazia de volta sobre meus passos. Censurava-me por ter deixado de maneira tão brusca essa criança, pensei ver em sua ação sem motivo aparente uma espécie de inspiração que não devia ser desdenhada. Por fim, cedendo à tentação, voltei sobre meus passos, corri até a criança, abracei-a de novo, lhe dei algo para comprar pãezinhos de Nanterre, cujo vendedor passava por acaso, e comecei a fazê-la falar. Perguntei-lhe onde estava seu pai; apontou para um homem que colocava aros em tonéis. Estava prestes a deixar a criança para ir falar com ele

---

53. Espécie de vestido usado antigamente pelas crianças antes da idade de usarem calções. (N.T.)

54. Taberna situada no norte de Paris. (N.T.)

quando vi que havia sido antecipado por um homem de má aparência que me pareceu ser um dos espiões que estão sempre atrás de mim. Enquanto esse homem lhe falava ao ouvido, vi os olhares do tanoeiro se fixarem com atenção sobre mim com um ar que nada tinha de amigável. Isso me apertou o coração na mesma hora, e deixei o pai e a criança com mais prontidão do que tivera para voltar sobre meus passos, mas numa agitação menos agradável que mudou toda as minhas disposições.

Senti-as, no entanto, renascer muitas vezes depois disso; passei várias vezes por Clignancourt na esperança de rever essa criança, mas nunca mais a vi, nem a seu pai, e me restou desse encontro apenas uma lembrança bastante intensa, mesclada de doçura e tristeza, como todas as emoções que ainda penetram meu coração, que uma reação dolorosa sempre acaba apertando.

Tudo tem uma compensação. Se meus prazeres são raros e breves, os experimento com mais intensidade, quando ocorrem, do que se me fossem familiares; rumino-os, por assim dizer, com frequentes recordações e, por mais raros que sejam, se fossem puros e uniformes, talvez eu fosse mais feliz do que em minha prosperidade. Na extrema miséria, com pouco ficamos ricos. Um mendicante que encontra um escudo fica mais impressionado do que um rico que encontrasse uma bolsa de ouro. Ririam se vissem na minha alma a impressão causada pelos menores prazeres desse tipo que consigo furtar à vigilância de meus perseguidores. Um dos últimos aconteceu há quatro ou cinco anos, do qual nunca me lembro sem me sentir radiante de satisfação por tê-lo aproveitado tão bem.

Um domingo fôramos jantar, minha mulher e eu, à Porta Maillot.[55] Depois do jantar, atravessamos o Bois de Boulogne até a Muette; ali nos sentamos na grama, à

---

55. As portas Maillot e Muette são antigos nomes dos portões de acesso ao Bois de Boulogne. (N.T.)

sombra, esperando que o sol baixasse para em seguida voltarmos com tranquilidade por Passy. Umas vinte meninas conduzidas por uma espécie de religiosa vieram algumas se sentar e outras brincar bastante perto de nós. Durante suas brincadeiras, veio a passar um vendedor de *oublies*[56] com seu cone e sua roleta, procurando clientela. Vi que as meninas cobiçavam as *oublies*, e duas ou três delas, que pareciam ter alguns trocados, pediram permissão para jogar. Enquanto a governanta hesitava e argumentava, chamei o vendedor e lhe disse: "Faça cada uma dessas senhoritas jogar uma vez que pagarei o total". Essa frase espalhou por todo o grupo uma alegria que sozinha teria mais que me reembolsado se tivesse gastado tudo com isso.

Como vi que elas se alvoroçavam com um pouco de confusão, com o consentimento da governanta disse para se enfileirarem de um lado e depois passarem para o outro uma após a outra à medida que jogassem. Apesar de não sair nenhuma jogada em branco e de haver pelo menos uma *oublie* para quem não acertasse nada, apesar de nenhuma delas poder ficar descontente, para tornar a festa ainda mais alegre, disse em segredo ao vendedor que usasse sua habilidade usual em sentido contrário, fazendo cair tantos bons números quanto pudesse, que lhe pagaria todos. Por meio dessa precaução, houve cerca de uma centena de *oublies* distribuídas, apesar de as jovens jogarem apenas uma vez cada, pois sobre isso fui implacável, não querendo favorecer abusos ou demonstrar preferências que produziriam descontentamentos. Minha mulher sugeriu àquelas que haviam ganhado bons números a dividir com suas companheiras, graças ao que a partilha foi quase equânime e a alegria mais generalizada.

Roguei à religiosa que jogasse por sua vez, temendo

---

56. A *oublie* é uma massa de biscoito vendida numa espécie de cilindro ou cone com uma agulha montada sobre um eixo giratório. O comprador fazia a agulha girar, e esta parava sobre um dos números do mostrador, indicando a quantas *oublies* daria direito sua jogada. (N.T.)

que rejeitasse com desdém minha oferta; ela aceitou de bom grado, jogou como as alunas e pegou sem cerimônia o que lhe cabia. Tenho-lhe um reconhecimento infinito e vi nisso uma espécie de polidez que me agradou muito e que compensa, creio, as por fingimento. Durante toda essa operação, houve disputas trazidas perante meu tribunal, e essas meninas vinham umas depois das outras defender suas causas, dando-me ocasião de observar que, apesar de não haver nenhuma bonita, a gentileza de algumas fazia esquecer sua feiura.

Por fim, nos despedimos muito contentes uns com os outros; e essa foi uma das tardes de minha vida que recordo com mais satisfação. A festa, de resto, não foi ruinosa; por no máximo trinta soldos que me custou, houve mais de cem escudos de contentamento. Tanto é verdade que o verdadeiro prazer não é medido pela despesa, e a alegria é mais amiga dos tostões que dos luíses. Voltei várias vezes ao mesmo local e à mesma hora, esperando reencontrar o pequeno grupo, mas isso nunca aconteceu.

Isso me lembra de outro divertimento mais ou menos da mesma espécie, cuja lembrança vem de muito mais longe. Foi na infeliz época em que, inserido entre os ricos e os letrados, fui às vezes obrigado a partilhar de seus tristes prazeres. Estava em La Chevrette[57] na época da festa do dono da casa; toda a sua família se reunira para celebrar, e toda a exuberância dos prazeres ruidosos foi empregada. Jogos, espetáculos, festins, fogos de artifício, nada foi poupado. Não se tinha tempo para tomar fôlego, e todos se aturdiam em vez de se divertirem. Depois do jantar, fomos tomar ar na alameda; havia uma espécie de feira. Dançava-se, os senhores condescenderam em dançar com as camponesas, mas as senhoras mantiveram sua dignidade.

---

57. Trata-se do castelo de La Chevrette, perto de Montmorency, que pertencia ao senhor d'Épinay e cuja festa caía em 9 de outubro. (N.T.)

Vendia-se *pains d'épice*.[58] Um jovem do grupo teve a ideia de comprar alguns para atirá-los à turba, e tiveram tanto prazer em ver todos aqueles camponeses se precipitarem, disputarem, se jogarem no chão para pegar algum, que todos quiseram se dar o mesmo prazer. Os *pains d'épice* voavam de um lado a outro, e moças e rapazes corriam, se amontoavam e se estropiavam; isso parecia encantar a todo mundo. Fiz como os outros por falso pudor, apesar de por dentro não me divertir tanto quanto eles. Mas logo entediado de esvaziar minha bolsa para fazer pessoas se esmagarem, deixei a boa companhia e fui passear sozinho pela feira. A variedade de objetos me distraiu por bastante tempo. Percebi, entre outros, cinco ou seis limpa-chaminés ao redor de uma menina que ainda tinha em seu tabuleiro uma dúzia de maçãs mirradas de que teria gostado de se livrar. Os limpa-chaminés, por sua vez, teriam gostado de livrá-la delas, mas só tinham dois ou três tostões entre todos, que não eram suficientes para causar grande perda às maçãs. Esse tabuleiro era para eles o jardim das Hespérides[59], e a menina o dragão que as guardava. Esse espetáculo me distraiu por algum tempo; por fim propiciei seu desfecho, pagando as maçãs à menina e fazendo-a distribuí-las aos meninos. Vi então um dos mais doces espetáculos que podem lisonjear o coração de um homem, o de ver a alegria unida à inocência da idade se espalhar por toda a minha volta. Pois os próprios espectadores, vendo-a, a compartilharam, e eu, que partilhava com tão pouco custo dessa alegria, tive ainda a de sentir que era obra minha.

Ao confrontar essa diversão com as que acabara de abandonar, senti com satisfação a diferença que existe entre os gostos sadios e os prazeres naturais em comparação com aqueles que nascem da opulência e que não passam de

---

58. Pães feitos com farinha de centeio, mel, açúcar e especiarias. (N.T.)

59. Deusas gregas guardiãs das maçãs de ouro do jardim que lhes fora confiado, acompanhadas por um dragão de cem cabeças. (N.T.)

prazeres zombeteiros e de gostos exclusivos gerados pelo desprezo. Que tipo de prazer se pode ter em ver tropas de homens aviltados pela miséria se amontoarem, se sufocarem, se estropiarem com brutalidade para disputarem com avidez alguns pedaços de *pains d'épice* pisados e cobertos de lama?

De minha parte, quando refleti sobre a espécie de voluptuosidade que experimentei nesse tipo de ocasião, descobri que ela consistia menos em um sentimento de benevolência do que no prazer de ver rostos felizes. Esse aspecto tem para mim um encanto que, apesar de chegar até o meu coração, parece ser apenas uma sensação. Se não vejo a satisfação que causo, mesmo que tenha certeza dela, não a desfrutarei por inteiro. Será inclusive um prazer desinteressado que não depende da parte que possa me caber, pois nas festas populares o prazer de ver rostos alegres sempre me atraiu com intensidade. Essa expectativa foi, no entanto, muitas vezes frustrada na França, onde essa nação que se pretende tão alegre pouco demonstra de alegria em seus divertimentos. Muitas vezes fui a tabernas para ver o povo miúdo dançar, porém suas danças eram tão desgraciosas, seus modos tão dolentes, tão canhestros, que de lá saía antes triste do que alegre. Mas em Genebra e na Suíça, onde o riso não se evapora continuamente em incríveis maldades, tudo nas festas respira contentamento e alegria, a miséria não leva seu terrível aspecto, o fastio também não mostra sua insolência; o bem-estar, a fraternidade, a concórdia dispõem os corações a desabrocharem, e muitas vezes na transmissão de uma alegria inocente desconhecidos se aproximam, se abraçam e se convidam a gozar em harmonia os prazeres do dia. Para gozar eu mesmo essas amáveis festas, não preciso delas participar, me basta vê-las; vendo, compartilho-as; e entre tantos rostos alegres, tenho certeza de não haver um coração mais alegre que o meu.

Apesar de esse ser um prazer ligado à sensação, com certeza tem uma causa moral, e a prova disso é que esse mesmo aspecto, em vez de me deleitar, de me agradar, pode me dilacerar de dor e indignação quando sei que tais sinais de prazer e de alegria nos rostos dos maus não passam de marcas de que sua maldade foi satisfeita. A alegria inocente é a única cujos sinais deleitam meu coração. Os da alegria cruel e zombeteira o entristecem e afligem, mesmo não me dizendo respeito. Esses sinais sem dúvida não poderiam ser os mesmos, partindo de princípios tão diferentes, mas são ambos sinais de alegria, e suas diferenças perceptíveis com certeza não são proporcionais às das reações que provocam em mim.

Os sinais de dor e de dificuldade me são ainda mais sensíveis, a ponto de me ser impossível suportá-los sem ser agitado por emoções talvez ainda mais intensas do que aqueles que representam. A imaginação que reforça a sensação me identifica com o ser que sofre e muitas vezes me angustia mais do que a ele. Um rosto descontente ainda é um espetáculo que me é impossível suportar, sobretudo se chego a pensar que esse descontentamento me concerne. Não saberia dizer o quanto o ar rabugento e mal-humorado dos criados que servem de má vontade me arrancou moedas nas casas onde outrora cometi a tolice de me deixar levar e onde os empregados me fizeram pagar bem caro a hospitalidade dos donos. Sempre afetado demais pelos objetos sensíveis e sobretudo por aqueles que carregavam sinais de prazer ou dor, de benevolência ou aversão, me deixo envolver por essas impressões externas sem jamais conseguir me esquivar por outra maneira que não a fuga. Um sinal, um gesto, um olhar de um desconhecido bastam para perturbar meus prazeres ou acalmar minhas dores; só pertenço a mim mesmo quando estou sozinho: fora disso sou o joguete de todos que me cercam.

Outrora vivi com prazer na sociedade, quando via em todos os olhos apenas benevolência ou, no pior dos casos, indiferença naqueles que me desconheciam. Mas hoje, quando é mais fácil mostrarem meu rosto ao povo do que minha natureza, não posso colocar os pés na rua sem me ver cercado de objetos dilacerantes; me apresso em chegar a passos largos no campo; assim que vejo a vegetação, começo a respirar. Será preciso se espantar por eu amar a solidão? Vejo apenas animosidade nos rostos dos homens, ao passo que a natureza sempre me ri.

No entanto, ainda sinto prazer, é preciso confessá-lo, em viver em meio aos homens, enquanto meu rosto lhes for desconhecido. Mas é um prazer que pouco me concedem. Há poucos anos, ainda gostava de atravessar as aldeias e ver pela manhã os trabalhadores consertarem seus instrumentos ou as mulheres à porta de suas casas com seus filhos. Essa visão tinha algo que tocava meu coração. Às vezes parava, sem me dar conta, olhando as pequenas manobras dessa boa gente, e me sentia suspirar sem saber por quê. Ignoro se me viram sensível a esse pequeno prazer e se mais uma vez quiseram tirá-lo de mim; porém, pela mudança que percebo nas fisionomias à minha passagem, e pelo ar com que sou olhado, sou levado a crer que tomaram muito cuidado para me retirar esse anonimato. A mesma coisa aconteceu, e de modo mais marcante ainda, nos Invalides.[60] Esse belo estabelecimento sempre me interessou. Nunca vejo sem ternura e veneração esses grupos de bons velhinhos que podem dizer como os da Lacedemônia:

Fomos outrora
Jovens, valentes e corajosos.[61]

Uma de minhas caminhadas preferidas era ao redor da Escola Militar, e eu encontrava com prazer, aqui e ali, alguns inválidos que, tendo conservado a antiga probidade

---

60. O Hôtel des Invalides, construído em 1670 para abrigar os inválidos e veteranos do exército francês. (N.T.)

61. Em *Vida de Licurgo*, de Plutarco. (N.T.)

militar, me saudavam ao passar. Essa saudação, que meu coração lhes devolvia centuplicada, me lisonjeava e aumentava o prazer que tinha em vê-los. Como não sei esconder nada que me diga respeito, muitas vezes falei dos inválidos e da forma como vê-los me afetava. Não foi preciso mais nada. Depois de algum tempo, percebi que não mais lhes era um desconhecido, ou melhor, que era muito conhecido, pois me viam com os mesmos olhos do público. Fim da probidade, fim das saudações. Um ar de repulsa e um olhar arisco haviam sucedido às boas maneiras originais. Como a antiga franqueza de sua profissão não lhes deixava, como aos demais, cobrir sua animosidade com uma máscara zombeteira e traidora, me demonstravam abertamente o ódio mais violento; tamanho é o excesso de minha infelicidade que sou obrigado a distinguir, em minha estima, aqueles que menos disfarçam seu furor.

Desde então passeio com menos prazer para o lado dos Invalides; no entanto, como meus sentimentos por eles não dependem dos seus por mim, sempre vejo com respeito e interesse esses antigos defensores da pátria, mas é bastante difícil me ver tão mal retribuído pela justiça que lhes faço. Quando por acaso encontro alguém que tenha escapado às instruções comuns, ou que não reconhecendo minha figura não demonstre nenhuma aversão, a honesta saudação desse único me compensa pelo comportamento rebarbativo dos demais. Esqueço-me deles para me ocupar apenas dele e imagino que tenha uma alma como a minha, na qual o ódio não saberia penetrar. Tive de novo esse prazer no ano passado, ao atravessar o rio para ir passear na Ilha dos Cisnes.[62] Um pobre veterano em um barco esperava companhia para atravessar. Apresentei-me e disse ao barqueiro para partir. A correnteza estava forte e a travessia foi demorada. Quase não ousei dirigir à palavra ao veterano,

---

62. Antiga ilha do Sena anexada à margem esquerda no início do século XIX. (N.T.)

por medo de ser tratado com rudeza e rechaçado como de hábito, mas seu ar honesto me tranquilizou. Conversamos. Pareceu-me homem de bom-senso e de bons costumes. Fiquei surpreso e encantado com seu tom aberto e afável, não estava acostumado a tantos favores; minha surpresa cessou quando descobri que acabara de chegar da província. Entendi que ainda não lhe haviam mostrado minha figura e passado instruções. Aproveitei-me desse anonimato para conversar alguns momentos com um homem e senti, na doçura que nisso encontrei, o quanto a raridade dos prazeres mais comuns é capaz de aumentar-lhes o preço. Ao sair do barco, ele preparou seus dois pobres tostões. Paguei a passagem e roguei que os guardasse, temendo indispô-lo. Isso não aconteceu; pelo contrário, pareceu sensível à minha atenção e sobretudo à que tive depois, pois, como era mais velho que eu, ajudei-o a sair do barco. Quem diria que fui infantil o bastante para chorar de contentamento? Morria de vontade de colocar uma moeda de vinte e quatro soldos em sua mão para o tabaco; não ousei. A mesma vergonha que me reteve muitas vezes me impediu de fazer boas ações que me teriam enchido de alegria e das quais só me abstive deplorando minha imbecilidade. Dessa vez, depois de ter me despedido do veterano, logo me consolei pensando que teria agido contra meus próprios princípios ao misturar às coisas honestas um preço em dinheiro que degrada sua nobreza e macula seu desinteresse. É preciso se apressar a socorrer aqueles que precisam, mas nas relações ordinárias da vida, deixemos a benevolência natural e as boas maneiras fazerem cada uma sua obra, sem que jamais algo de venal e mercantil ouse se aproximar de tão pura fonte para corrompê-la ou para alterá-la. Dizem que na Holanda o povo cobra para dizer as horas e para indicar o caminho. Deve ser um povo bem desprezível aquele que trafica assim os mais simples deveres da humanidade.

Observei que apenas na Europa se vende a hospitalidade. Em toda a Ásia nos alojam gratuitamente; sei que lá não encontramos todos os mesmos confortos. Mas não basta poder dizer: "Sou homem e recebido por humanos"? É a humanidade pura que me dá abrigo. As pequenas privações são suportadas sem dificuldade quando o coração é melhor tratado que o corpo.

Décima caminhada

Hoje, dia de Páscoa florida[63], faz exatos cinquenta anos que conheci a senhora de Warens. Ela tinha 28 anos, tendo nascido com o século. Eu ainda não tinha dezessete anos e meu temperamento nascente, mas que eu ainda ignorava, dava novo calor a um coração por natureza cheio de vida. Se não era surpreendente que ela manifestasse benevolência para com um jovem vivaz, porém doce e modesto, de aparência bastante agradável, o era ainda menos que uma mulher encantadora, cheia de espírito e graça, me inspirasse pelo reconhecimento sentimentos mais ternos do que podia distinguir. Mas o menos comum é que esse primeiro momento me determinou por toda a vida e produziu, através de um encadeamento inevitável, o destino do resto de meus dias. Minha alma, cujos instrumentos não haviam desenvolvido suas mais preciosas faculdades, ainda não tinha uma forma definida; aguardava, numa espécie de impaciência, o momento em que isso acontecesse, e esse momento, acelerado por aquele encontro, não veio no entanto tão cedo; e, na simplicidade de costumes que a educação me dera, vi prolongar-se por bastante tempo esse estado delicioso, embora breve, em que o amor e a inocência habitam o mesmo coração. Ela me afastara. Tudo me lembrava dela, foi preciso voltar.[64] Esse retorno determinou

---

63. A expressão refere-se ao Domingo de Ramos, que precede a Páscoa em uma semana. Rousseau escreve em 12 de abril de 1778, tendo conhecido a senhora de Warens no Domingo de Ramos de 1728. (N.T.)

64. A senhora de Warens o enviara a Turim em abril de 1728, de onde voltou em junho de 1729. (N.T.)

meu destino, e muito tempo antes de a possuir só vivi nela e para ela. Ah, se tivesse bastado a seu coração como ela bastava ao meu! Que calmos e deliciosos dias teríamos passado juntos! Passamos alguns assim, mas foram curtos e rápidos, e que destino os seguiu! Não há dia em que não me lembre com alegria e enternecimento desse único e breve momento de minha vida em que fui eu mesmo de maneira plena, puro e sem obstáculos, e em que posso dizer de verdade que vivi. Posso dizer mais ou menos como o chefe do pretorado que, desgraçado sob Vespasiano, foi terminar seus dias em paz no campo: "Passei setenta anos sobre a terra e vivi sete".[65] Sem esse breve mas precioso espaço de tempo, talvez tivesse permanecido incerto sobre mim mesmo, pois todo o resto de minha vida, fraco e sem resistência, fui tão agitado, sacudido, importunado pelas paixões alheias que, quase passivo numa vida tão tumultuosa, teria dificuldade em separar o que existe de meu em minha própria conduta, tanto a dura fatalidade não cessou de pesar sobre mim. Contudo, durante esse pequeno número de anos, amado por uma mulher cheia de bondade e doçura, fiz o que queria fazer, fui o que quis ser e, pelo uso que fiz de meus lazeres, ajudado por suas lições e seu exemplo, soube dar à minha alma ainda simples e nova a forma que mais lhe convinha e que ainda mantém. O gosto pela solidão e pela contemplação nasceu em meu coração junto com os sentimentos expansivos e ternos feitos para serem seu alimento. O tumulto e o barulho os apertam e sufocam, enquanto a calma e a paz os reanimam e exaltam. Preciso me recolher para amar. Incitei mamãe a viver no

---

[65]. Rousseau escreve de memória. Na verdade, a história se passa sob o imperador romano Adriano, e o chefe do pretorado em questão, que vivera seus últimos anos no campo, compusera para seu epitáfio a seguinte inscrição: "Aqui jaz Similis, que existiu tantos anos, mas viveu sete". (Cf. o historiador romano Cássio Dião, que escreveu uma *História de Roma*). (N.T.)

campo.[66] Uma casa isolada na encosta de um vale foi nosso asilo e foi ali que, no espaço de quatro ou cinco anos, gozei de um século de vida e de uma alegria pura e plena que cobre com seu encanto tudo o que meu destino atual tem de horrível. Precisava de uma amiga que meu coração aceitasse; eu a possuía. Desejara o campo; eu o obtivera; não podia sofrer constrangimentos, estava completamente livre, inclusive melhor que livre, pois submetido apenas por minhas afeições, só fazia o que queria fazer. Todo o meu tempo era preenchido por cuidados afetuosos ou ocupações campestres. Não desejava nada além da continuação de estado tão doce. Meu único sofrimento era o temor de que este não durasse muito, e esse temor, nascido do incômodo causado por nossa situação, não deixava de ter fundamento. Assim, pensava em me proporcionar ao mesmo tempo distrações dessa inquietude e recursos para prevenir seu efeito. Pensei que uma provisão de talentos seria o recurso mais seguro contra a miséria e decidi empregar meus lazeres a me colocar em condições, se possível fosse, de devolver um dia à melhor das mulheres a assistência que recebera.

---

66. Rousseau chamava a senhora de Warens de mamãe. A casa onde esta vai morar no campo fica perto de Chambéry e recebe o nome de Les Charmettes (hoje um museu com objetos que pertenceram a Rousseau). (N.T.)

Cronologia da vida de Rousseau

1712. *28 de junho.* Nasce em Genebra, em uma família protestante de origem francesa.
7 de julho. Morte de sua mãe. Seu pai jamais será capaz de substituir a afeição e a educação maternas.

1713. *5 de outubro.* Nascimento de Diderot.

1721. Desaparece o irmão de Jean-Jacques, devotado à vagabundagem.

1722. *21 de outubro.* O pai de Rousseau, obrigado a se exilar depois de uma disputa, confia seu filho ao pastor Lambercier, em Bossey. Jean-Jacques só voltará a morar em Genebra em 1724.

1725. Depois de um estágio com um escrivão, inicia-se como aprendiz junto a um gravador.

1728. *14 de março.* Ao voltar de uma caminhada, encontra as portas da cidade fechadas e escolhe a aventura.
21 de março. Em Annecy, a senhora de Warens, jovem viúva recém-convertida ao catolicismo, o acolhe.
21 de abril. Abjura o protestantismo, em Turim, para onde sua protetora o enviara.

1729-1730. Depois de diversos empregos e diversas aventuras, deixa Turim, reencontra a senhora de Warens, passa algum tempo em Annecy, Lyon, Fribourg e Lausanne, seguindo suas errâncias em Neuchâtel, Berna e Soleure.

1731. Primeira viagem a Paris; no fim do ano reencontra sua protetora em Chambéry e arranja um emprego no registro público da Savoie onde ficará por oito meses.

1732. *Junho.* Começa a dar aulas de música.

1735 ou 1736. Primeira estada em Les Charmettes com a senhora de Warens.

- **1737.** *11 de setembro.* Cansado de seus insistentes mal-estares, parte para Montpellier, em busca de um diagnóstico na Faculdade de Medicina.
- **1738.** A senhora de Warens instala-se em Les Charmettes para fixar moradia. Rousseau ficará ali de 1738 a 1740.
- **1740-1741.** Preceptor em Lyon.
- **1742.** *Agosto.* Chega a Paris com um novo sistema de notação musical, aperfeiçoado em Les Charmettes.
  22 de agosto. Apresentação à Academia de Ciências de *Mémoire sur un projet de notation musicale*, que é publicado em janeiro de 1743. Primeiros encontros com Diderot.
- **1743.** *Verão.* Acompanha, como secretário, o senhor de Montaigu, embaixador da França, à Veneza. Seu tempo livre permite-lhe publicar *Dissertação sobre a música moderna*.
- **1744.** *22 de agosto.* Deixa Veneza depois de uma briga com o embaixador e chega a Paris no mês de outubro.
- **1745.** Liga-se a Thérèse Levasseur, de 23 anos. Apresenta *Le Muses galantes* e retoca *Les Fêtes de Ramire*, de Rameau e Voltaire, com quem está em bons termos.
- **1746.** *Fim do outono.* Nasce o primeiro filho de Rousseau, que é entregue aos Enfants-Trouvés.
- **1748.** Nascimento de um segundo filho, também entregue aos Enfants-Trouvés.
- **1749.** *Janeiro-março.* A pedido de D'Alembert, escreve artigos sobre música para a *Enciclopédia*.
  Outubro. Visita Diderot, preso em Vincennes por sua *Carta sobre os cegos*. É quando Rousseau fica sabendo do tema proposto pela Academia de Dijon para o seu prêmio anual: "Se o restabelecimentos das ciências e das artes contribuiu para corromper ou para depurar os costumes". Rousseau se entusiasma.
  Os progressos de sua amizade com Grimm e Diderot datam desse ano.
- **1750.** *23 de agosto.* A Academia de Dijon premia *Discurso sobre as ciências e as artes*, que é publicado no fim do ano ou nos primeiros dias de 1751.

1751. Rousseau abandona outros empregos para se tornar copista de música. Nasce seu terceiro filho. Profundas controvérsias em torno de *Discurso*.

1752. *18 de outubro*. Sua ópera *O adivinho da aldeia* é representada em Fontainebleau, diante da corte. Rousseau esquiva-se de uma audiência com o rei e, sem dúvida, de uma pensão.

1753. *1º de março*. *O adivinho da aldeia* é representado no teatro Opéra de Paris.
Novembro. Rousseau publica *Carta sobre a música francesa*. A Academia de Dijon anuncia um novo tema de concurso: "Qual a origem da desigualdade entre os homens e se ela é autorizada pela lei natural". Conflitos com o Opéra.

1754. Chega a Genebra, por Lyon e Chambéry. Composição de *Discurso sobre a origem e os fundamentos da desigualdade entre os homens*. Retorno ao calvinismo. Trabalhos literários variados.

1755. *Maio*. Publicação, na Holanda, do *Discurso sobre a origem e os fundamentos da desigualdade entre os homens*.
1º de novembro. O terremoto de Lisboa transtorna os espíritos e fornece a Voltaire o argumento de um longo poema. Rousseau responderá a ele em agosto de 1756.

1756. *9 de abril*. Rousseau, Thérèse e a mãe dela se instalam na Rue de l'Ermitage, nos limites da floresta de Montmorency, na propriedade da senhora d'Épinay, onde ele se hospedara no mês de setembro precedente.
Verão-outono. Sonha e começa a trabalhar no que será *A nova Heloísa*.

1757. *Março*. Disputa com Diderot a propósito do *Filho natural*, no qual Rousseau lê que "apenas o mau fica sozinho". Reconciliação em abril.
11 de julho. A senhora d'Épinay encontra Saint-Lambert e a senhora d'Houdetot na casa de Jean-Jacques, e sua inveja é despertada.
10 de outubro. Publicação do tomo VII de *Enciclopédia*, que contém o artigo de D'Alembert sobre Genebra.
Novembro. Ruptura com Grimm.
10 de dezembro. A senhora d'Épinay rompe com Rousseau e o despede.

15 de dezembro. O marechal de Luxemburgo o hospeda em Montmorency.

1758. *Março*. Termina a *Carta sobre os espetáculos*, na qual se opõe a D'Alembert e a Voltaire.
6 de maio. A senhora d'Houdetot rompe com ele por sua vez.
Setembro. Conclui *A nova Heloísa*.
Outubro. Publicação de *Carta sobre os espetáculos*.

1759-1760. Montmorency. Rousseau trabalha *Emílio* e *O Contrato social*.

1761. *Janeiro*. Chegada a Paris da edição de *A nova Heloísa*; seu sucesso é imenso.

1762. *Janeiro*. Composição das quatro *Cartas a Malesherbes*.
Envia a Moultou *Profissão de fé do vigário saboiano*.
Abril. Publicação, em Amsterdã, de *O contrato social*, proibido em Paris no mês de maio.
27 de maio. Publicação de *Emílio*, colocado à venda por autorização tácita.
Junho. *Emílio* é denunciado na Sorbonne, condenado pelo parlamento, queimado; Rousseau, mandado prender, foge precipitadamente para a Suíça. Genebra, por sua vez, toma as mesmas medidas contra as duas obras e seu autor. Este, perseguido, refugia-se no principado prussiano de Neuchâtel.
29 de julho. Morte da senhora de Warens em Chambéry.
28 de agosto. Mandamentos do arcebispo de Paris, Christophe de Beaumont, contra *Emílio*.

1763. *Março*. Rousseau publica *Carta a Christophe de Beaumont*, com data de 18 de novembro.
12 de maio. Rousseau renuncia ao seu título de cidadão de Genebra, que lhe fora concedido em 1754.
Setembro-outubro. Tronchin publica *Cartas escritas do campo*, contra Rousseau.

1764. Este responde com *Cartas escritas da montanha*. Botânica. Inicia *Confissões*.

1765. *21 de janeiro*. *Cartas escritas da montanha* são queimadas em Haia e em Paris, sendo atacadas em Genebra. Rousseau é alvo da hostilidade do pastor de Môtiers, Montmollin, e de sua congregação.
Noite de 6 de setembro, dia de feira. Os habitantes de Môtiers-

-Travers lançam pedras contra sua casa.

Setembro-outubro. Encontra asilo em 12 de setembro na Ilha de Saint-Pierre, de onde é expulso depois de algumas semanas. Parte para Berlim, pela Basileia, depois Estrasburgo, onde é recebido com honrarias e de onde, no fim das contas, abandonando Berlim, vai para Paris, onde chega em 16 de dezembro e é festejado.

1766. *4 de janeiro.* Parte com Hume para a Inglaterra.

13 de janeiro. Chegada a Londres.

19 de março. Instala-se em Wootton (Staffordshire).

Abril. Carta ao doutor J.J. Pansophe, de Voltaire, ridicularizando o autor de *Emílio.* Durante o resto do ano, desavenças com Hume e rompimento com este.

1767. *21 de maio.* Rousseau embarca em Douvres para a França.

Ao chegar, mora em Fleury, perto de Meudon, depois em Trye, na Normandia, na casa do príncipe de Conti.

Vida errante, doença, angústias.

26 de novembro. Início das vendas, em Paris, do *Dicionário de música.*

1768. Rousseau, que se acalma um pouco, passa algum tempo em Lyon, herboriza na Grande-Chartreuse, para em Grenoble, visita em Chambéry o túmulo da senhora de Warens e se fixa em Bourgoin, no Dauphiné.

30 de agosto. Casa no civil com Thérèse Levasseur.

1769-1770. Passando por Lyon, Dijon, Montbard e Auxerre, volta a Paris e se estabelece na Rue Plâtrière. Retoma e provavelmente conclui *Confissões,* que começa a divulgar em leituras.

1771. *10 de maio.* A senhora d'Épinay roga a Sartine, tenente de polícia, que interdite essas leituras.

Julho. Início das relações de Rousseau com Bernardin de Saint-Pierre.

1772-1773. Cópias de música, botânica, redação de *Diálogos de Rousseau juiz de Jean-Jacques.*

1774. Música. Introdução a seu *Dicionário dos termos usados em botânica.*

1776. *24 de fevereiro.* Rousseau não consegue depositar o manuscrito de *Diálogos* – sua defesa – no coro da Notre-Dame.

24 de outubro. É derrubado, em Ménilmontant, por um cachorro:

o acidente, bastante grave, determina a última orientação de seus pensamentos.

Outono ou inverno. Começa a escrever *Os devaneios do caminhante solitário*, cuja redação continua durante o ano de 1777.

1778. *30 de março.* Voltaire é coroado na Comédie-Française.

12 de abril. Início da redação da décima caminhada dos *Devaneios*, que será a última e ficará inacabada.

2 de maio. Rousseau confia a Moultou uma parte de seus manuscritos.

20 de maio. Aceita a hospitalidade do marquês de Girardin em Ermenonville. Herborizações.

30 de maio. Morte de Voltaire.

2 de julho. Mal-estar. Rousseau morre às onze horas da manhã.

4 de julho. Às onze horas da noite, seu corpo é sepultado na Île des Peupliers, no coração do parque de Ermenonville.

1794. *9-11 de outubro.* Transferência de suas cinzas para o Panthéon.

Coleção L&PM POCKET (ÚLTIMOS LANÇAMENTOS)

1075. Amor nos tempos de fúria – Lawrence Ferlinghetti
1076. A aventura do pudim de Natal – Agatha Christie
1078. Amores que matam – Patricia Faur
1079. Histórias de pescador – Mauricio de Sousa
1080. Pedaços de um caderno manchado de vinho – Bukowski
1081. A ferro e fogo: tempo de solidão (vol.1) – Josué Guimarães
1082. A ferro e fogo: tempo de guerra (vol.2) – Josué Guimarães
1084(17). Desembarcando o Alzheimer – Dr. Fernando Lucchese e Dra. Ana Hartmann
1085. A maldição do espelho – Agatha Christie
1086. Uma breve história da filosofia – Nigel Warburton
1088. Heróis da História – Will Durant
1089. Concerto campestre – L. A. de Assis Brasil
1090. Morte nas nuvens – Agatha Christie
1092. Aventura em Bagdá – Agatha Christie
1093. O cavalo amarelo – Agatha Christie
1094. O método de interpretação dos sonhos – Freud
1095. Sonetos de amor e desamor – Vários
1096. 120 tirinhas do Dilbert – Scott Adams
1097. 200 fábulas de Esopo
1098. O curioso caso de Benjamin Button – F. Scott Fitzgerald
1099. Piadas para sempre: uma antologia para morrer de rir – Visconde da Casa Verde
1100. Hamlet (Mangá) – Shakespeare
1101. A arte da guerra (Mangá) – Sun Tzu
1104. As melhores histórias da Bíblia (vol.1) – A. S. Franchini e Carmen Seganfredo
1105. As melhores histórias da Bíblia (vol.2) – A. S. Franchini e Carmen Seganfredo
1106. Psicologia das massas e análise do eu – Freud
1107. Guerra Civil Espanhola – Helen Graham
1108. A autoestrada do sul e outras histórias – Julio Cortázar
1109. O mistério dos sete relógios – Agatha Christie
1110. Peanuts: Ninguém gosta de mim... (amor) – Charles Schulz
1111. Cadê o bolo? – Mauricio de Sousa
1112. O filósofo ignorante – Voltaire
1113. Totem e tabu – Freud
1114. Filosofia pré-socrática – Catherine Osborne
1115. Desejo de status – Alain de Botton
1118. Passageiro para Frankfurt – Agatha Christie
1120. Kill All Enemies – Melvin Burgess
1121. A morte da sra. McGinty – Agatha Christie
1122. Revolução Russa – S. A. Smith
1123. Até você, Capitu? – Dalton Trevisan
1124. O grande Gatsby (Mangá) – F. S. Fitzgerald
1125. Assim falou Zaratustra (Mangá) – Nietzsche
1126. Peanuts: É para isso que servem os amigos (amizade) – Charles Schulz
1127(27). Nietzsche – Dorian Astor
1128. Bidu: Hora do banho – Mauricio de Sousa
1129. O melhor do Macanudo Taurino – Santiago
1130. Radicci 30 anos – Iotti
1131. Show de sabores – J.A. Pinheiro Machado
1132. O prazer das palavras – vol. 3 – Cláudio Moreno
1133. Morte na praia – Agatha Christie
1134. O fardo – Agatha Christie
1135. Manifesto do Partido Comunista (Mangá) – Marx & Engels
1136. A metamorfose (Mangá) – Franz Kafka
1137. Por que você não se casou... ainda – Tracy McMillan
1138. Textos autobiográficos – Bukowski
1139. A importância de ser prudente – Oscar Wilde
1140. Sobre a vontade na natureza – Arthur Schopenhauer
1141. Dilbert (8) – Scott Adams
1142. Entre dois amores – Agatha Christie
1143. Cipreste triste – Agatha Christie
1144. Alguém viu uma assombração? – Mauricio de Sousa
1145. Mandela – Elleke Boehmer
1146. Retrato do artista quando jovem – James Joyce
1147. Zadig ou o destino – Voltaire
1148. O contrato social (Mangá) – J.-J. Rousseau
1149. Garfield fenomenal – Jim Davis
1150. A queda da América – Allen Ginsberg
1151. Música na noite & outros ensaios – Aldous Huxley
1152. Poesias inéditas & Poemas dramáticos – Fernando Pessoa
1153. Peanuts: Felicidade é... – Charles M. Schulz
1154. Mate-me por favor – Legs McNeil e Gillian McCain
1155. Assassinato no Expresso Oriente – Agatha Christie
1156. Um punhado de centeio – Agatha Christie
1157. A interpretação dos sonhos (Mangá) – Freud
1158. Peanuts: Você não entende o sentido da vida – Charles M. Schulz
1159. A dinastia Rothschild – Herbert R. Lottman
1160. A Mansão Hollow – Agatha Christie
1161. Nas montanhas da loucura – H.P. Lovecraft
1162(28). Napoleão Bonaparte – Pascale Fautrier
1163. Um corpo na biblioteca – Agatha Christie
1164. Inovação – Mark Dodgson e David Gann
1165. O que toda mulher deve saber sobre os homens: a afetividade masculina – Walter Riso
1166. O amor está no ar – Mauricio de Sousa
1167. Testemunha de acusação & outras histórias – Agatha Christie

1168. **Etiqueta de bolso** – Celia Ribeiro
1169. **Poesia reunida (volume 3)** – Affonso Romano de Sant'Anna
1170. **Emma** – Jane Austen
1171. **Que seja em segredo** – Ana Miranda
1172. **Garfield sem apetite** – Jim Davis
1173. **Garfield: Foi mal...** – Jim Davis
1174. **Os irmãos Karamázov (Mangá)** – Dostoiévski
1175. **O Pequeno Príncipe** – Antoine de Saint-Exupéry
1176. **Peanuts: Ninguém mais tem o espírito aventureiro** – Charles M. Schulz
1177. **Assim falou Zaratustra** – Nietzsche
1178. **Morte no Nilo** – Agatha Christie
1179. **Ê, soneca boa** – Mauricio de Sousa
1180. **Garfield a todo o vapor** – Jim Davis
1181. **Em busca do tempo perdido (Mangá)** – Proust
1182. **Cai o pano: o último caso de Poirot** – Agatha Christie
1183. **Livro para colorir e relaxar** – Livro 1
1184. **Para colorir sem parar**
1185. **Os elefantes não esquecem** – Agatha Christie
1186. **Teoria da relatividade** – Albert Einstein
1187. **Compêndio de psicanálise** – Freud
1188. **Visões de Gerard** – Jack Kerouac
1189. **Fim de verão** – Mohiro Kitoh
1190. **Procurando diversão** – Mauricio de Sousa
1191. **E não sobrou nenhum e outras peças** – Agatha Christie
1192. **Ansiedade** – Daniel Freeman & Jason Freeman
1193. **Garfield: pausa para o almoço** – Jim Davis
1194. **Contos do dia e da noite** – Guy de Maupassant
1195. **O melhor de Hagar 7** – Dik Browne
1196.(29).**Lou Andreas-Salomé** – Dorian Astor
1197.(30).**Pasolini** – René de Ceccatty
1198. **O caso do Hotel Bertram** – Agatha Christie
1199. **Crônicas de motel** – Sam Shepard
1200. **Pequena filosofia da paz interior** – Catherine Rambert
1201. **Os sertões** – Euclides da Cunha
1202. **Treze à mesa** – Agatha Christie
1203. **Bíblia** – John Riches
1204. **Anjos** – David Albert Jones
1205. **As tirinhas do Guri de Uruguaiana 1** – Jair Kobe
1206. **Entre aspas (vol.1)** – Fernando Eichenberg
1207. **Escrita** – Andrew Robinson
1208. **O spleen de Paris: pequenos poemas em prosa** – Charles Baudelaire
1209. **Satíricon** – Petrônio
1210. **O avarento** – Molière
1211. **Queimando na água, afogando-se na chama** – Bukowski
1212. **Miscelânea septuagenária: contos e poemas** – Bukowski
1213. **Que filosofar é aprender a morrer e outros ensaios** – Montaigne
1214. **Da amizade e outros ensaios** – Montaigne
1215. **O medo à espreita e outras histórias** – H.P. Lovecraft
1216. **A obra de arte na era de sua reprodutibilidade técnica** – Walter Benjamin
1217. **Sobre a liberdade** – John Stuart Mill
1218. **O segredo de Chimneys** – Agatha Christie
1219. **Morte na rua Hickory** – Agatha Christie
1220. **Ulisses (Mangá)** – James Joyce
1221. **Ateísmo** – Julian Baggini
1222. **Os melhores contos de Katherine Mansfield** – Katherine Mansfield
1223.(31).**Martin Luther King** – Alain Foix
1224. **Millôr Definitivo: uma antologia de** *A Bíblia do Caos* – Millôr Fernandes
1225. **O Clube das Terças-Feiras e outras histórias** – Agatha Christie
1226. **Por que sou tão sábio** – Nietzsche
1227. **Sobre a mentira** – Platão
1228. **Sobre a leitura** *seguido do* **Depoimento de Céleste Albaret** – Proust
1229. **O homem do terno marrom** – Agatha Christie
1230.(32).**Jimi Hendrix** – Franck Médioni
1231. **Amor e amizade e outras histórias** – Jane Austen
1232. **Lady Susan, Os Watson e Sanditon** – Jane Austen
1233. **Uma breve história da ciência** – William Bynum
1234. **Macunaíma: o herói sem nenhum caráter** – Mário de Andrade
1235. **A máquina do tempo** – H.G. Wells
1236. **O homem invisível** – H.G. Wells
1237. **Os 36 estratagemas: manual secreto da arte da guerra** – Anônimo
1238. **A mina de ouro e outras histórias** – Agatha Christie
1239. **Pic** – Jack Kerouac
1240. **O habitante da escuridão e outros contos** – H.P. Lovecraft
1241. **O chamado de Cthulhu e outros contos** – H.P. Lovecraft
1242. **O melhor de Meu reino por um cavalo!** – Edição de Ivan Pinheiro Machado
1243. **A guerra dos mundos** – H.G. Wells
1244. **O caso da criada perfeita e outras histórias** – Agatha Christie
1245. **Morte por afogamento e outras histórias** – Agatha Christie
1246. **Assassinato no Comitê Central** – Manuel Vázquez Montalbán
1247. **O papai é pop** – Marcos Piangers
1248. **O papai é pop 2** – Marcos Piangers
1249. **A mamãe é rock** – Ana Cardoso

L&PM POCKET MANGÁ

Mitsuru Adachi — Aventuras de menino
Inio Asano — Solanin 1
Inio Asano — Solanin 2
Mohiro Kitoh — Fim de verão

SHAKESPEARE — HAMLET
SIGMUND FREUD — A INTERPRETAÇÃO DOS SONHOS
F. SCOTT FITZGERALD — O GRANDE GATSBY
FIÓDOR DOSTOIÉVSKI — OS IRMÃOS KARAMÁZOV
MARCEL PROUST — EM BUSCA DO TEMPO PERDIDO
MARX & ENGELS — MANIFESTO DO PARTIDO COMUNISTA
FRANZ KAFKA — A METAMORFOSE
F. NIETZSCHE — ASSIM FALOU ZARATUSTRA
JEAN-JACQUES ROUSSEAU — O CONTRATO SOCIAL
SUN TZU — A ARTE DA GUERRA
JAMES JOYCE — ULISSES

IMPRESSÃO:

Santa Maria - RS - Fone/Fax: (55) 3220.4500
www.pallotti.com.br